政治傳播與新聞體制

胡逢瑛、吳非　著

序

　　秋季，理應是秋高氣爽、登高賞月、甚至是把酒言歡的好時節，但對於俄羅斯而言一向是多事之秋。果不其然，2004年9月1日，別斯蘭一號中學開學典禮之日爆發了人質事件，新聞一出立刻震撼全球。10月，兩位作者以一篇關於俄羅斯別斯蘭人質事件與新聞自由問題的文章，引起了香港《大公報》主編王椰林先生的關注，王主編在刊登了作者投遞的稿件之後，不但來函邀約作者繼續為文撰稿，同時也為作者在大公評論版開闢了「傳媒睇傳媒」一專欄，還親自來電敲定此事，希望兩位作者能夠持續對國際間一些重大事件與傳媒動態作出一個階段性的觀察與總結。當時光進入了2006年，新年伊始，兩位作者決定抽出十多篇過去一年有餘的時間在《大公報》發表的關於美國和台灣媒體的文章，以及結合過去部分發表在學術期刊上有關俄羅斯傳媒轉型的學術論文，一起集結成冊，希望藉此機會以饗讀者。

　　本書內容主要關注在俄羅斯、美國、台灣的政治傳播發展現況上面。俄羅斯媒體在蘇聯解體之後經歷了巨變：媒體一開始是個人恩怨與政黨鬥爭的工具，後來媒體成為了選舉的工具，同時媒體更成為西方與金融寡頭干預決策的工具(看看喬治亞、烏克蘭和吉爾吉斯的顏色革命，親西反對派與親俄政府派對政權之爭，可參考作者在秀威出版的另一本著作《反恐年代中的國際新聞與危機傳播》)，媒體寡頭變成獲取政治回報與經濟利益的工具，最後媒體在普京整肅寡

頭之後，成為政府塑造國家形象工程、護航政府政策與保護國家利益的工具。儘管俄羅斯媒體經過專業化發展的同時，只是使媒體管理更加合理化與有效率，最重要的是媒體還是要回歸國家穩定社會秩序的功能。對於普京當局的媒體改革與媒體控管的總體設想的問題，本書協作者吳非副教授在復旦大學童兵教授主持的新聞 211 工程的國家項目之下，負責俄羅斯傳媒體制這一項課題研究，廣州南方日報出版社準備在今夏出版這一工程的系列叢書。

在過去一年多的時間當中，美國與台灣發生諸多的重大事件也吸引作者的眼球。美國是一個媒體發達的國家，美國的政治傳播經常必須把媒體立場與選舉以及民意結合在一起來研究，因為美國是一個政治社會相對非常穩定的國家，社會結構發展成熟與成型，那麼，發達的媒體就成為了防止美國政權僵化與促進社會進步的動力因素。台灣則是一個選舉頻繁的地方，媒體行為必須結合台灣的政治生態來看待才比較貼近現實，台灣媒體在經過解嚴之後，經歷了台灣多次選舉，媒體在報導了幾次台灣關鍵性的大選之後，總體而言，台灣媒體逐漸扮演政黨政治與政黨輪替的一個關鍵性角色，從促進民主與公民社會的角度而言，混亂過度的台灣媒體仍發揮了促進作用。但如何解決媒體文化教育功能與發揮媒體娛樂的視聽感官效果，並且減少電視節目對閱聽眾產生心理與行為的負面影響？這些恐怕是台灣媒體仍必須面對解決的難題，台灣的政黨政治生態與民主機制的完善恐怕不是公視化媒體就能輕易解決的問題。想想為什麼歐洲國家都是國家媒體或是公共媒體當道，而美國卻是商業媒體當道，是否這意味著首先國家的媒體政策必須定位媒體是民族文

化的載具，亦或是商業娛樂的工具？看看美國龐大的娛樂製造工廠——好萊塢與美國兩黨政治的輪替，或是台灣泛藍與泛綠政黨以及偏藍或偏綠媒體在選舉中的表現，就知道任何灰色地帶都只是兩個方向的相互妥協與合作的折衷地帶，例如台灣 TVBS 電視臺著名節目主持人李濤接受《新新聞》專訪時，表達出「全民開講」節目要走政策討論的方向而改變過去為兩黨政治人物提供各說各話的作秀平台的製作方式。因此，中間方向只是獲取更大操作空間的地帶或是把餅做得大一些，而不會是成為政黨或是媒體政策的主流方向。

本書內容主題多與國際新聞時事結合，兩位作者試圖從各種紛亂的國際新聞事件中總結歸納出一些新聞運行規律，不過仍有待各界朋友的批評指教，相信這將會是有益的補充。此次本書得以順利出版面市，作者要感謝的人很多，首先是香港《大公報》主編王椰林先生，承蒙王主編的信任與賞識，為兩位作者開闢了「傳媒睇傳媒」專欄，使作者有一個公共平台可與各界專家和朋友進行交流；同時還要感謝香港城市大學李金銓教授邀請兩位作者參訪城大一個月，討論俄羅斯與中國傳媒發展等問題，使作者有拓展視角的機會；在此也要感謝上海東方衛視陳梁台長對台灣與上海傳媒互動研究的支持；另外，作者也要感謝廣州暨南大學新聞與傳播學院院長蔡銘澤教授與副院長劉家林教授的鼓勵與支持；最後，兩位作者還要感謝秀威出版社的「拼命三郎」執行主編李坤城先生，在合作期間，坤城兄的專業精神以及給予作者的摯誠友誼，是作者畢生難以忘記的！

胡逢瑛寫於廣州暨南大學蘇州苑

目　次

序 i

目　次 v

一　美國政府與記者對消息來源保密權利之爭 1

二　轉型中的俄羅斯媒體與政治 11

三　蘇聯解體後之俄羅斯傳媒轉型特點 27

四　俄媒體政治功能轉型對社會穩定的影響 37

五　俄公視發展前景和困境 55

六　俄媒體、民眾與政府在社會轉軌中的互動特點 69

七　俄羅斯政治傳播體系的建構 77

八　媒體與國家發展理論 99

九　俄各級權威機關對媒體報導的限制 107

十　俄立法保障公共新聞 115

十一　蘇共政治方針決定媒體發展方向 127

十二　「獨立電視台」節目「言論自由」不自由 165

十三　夏沃案背後的複雜背景 169

十四　深喉調查報導影響深遠 175

十五　美報業表態力求自主性 181

十六　我所見的公投：台灣總統大選爭議甚囂塵上 185

十七　台灣媒體揭弊影響選情 191

十八　扁府與媒體陷入激戰 197

十九　台灣政黨爭奪媒體制高點 201

二十　台灣電視「去中國化」 207

二十一　台灣論政節目亂象持續 213

二十二　台灣媒體為何不重視連戰 219

二十三　台灣進入「冷選舉」時代 225

二十四　台灣成立 NCC 維護媒體利益 231

一　美國政府與記者對消息來源保密權利之爭[1]

——以「深喉」及「特工門」事件為例

2005 年 5 月 31 日，美國《名利場》雜誌揭開了一件 30 年的歷史謎團：當初提供《華盛頓郵報》揭露「水門事件」重要線索的關鍵線人——「深喉」終於現身，他就是當年美國聯邦調查局副局長、現年高齡 91 歲的馬克·費爾特。「水門事件」對政治界與新聞界影響深遠，這一事件對美國政治腐敗行為不啻為當頭棒喝，而為新聞界揭發政治醜聞樹立了典範。此後，保護匿名消息來源以取得重要證據的模式，成為記者進行調查性新聞報導的重要手段。無獨有偶，最近又有「特工門」事件的一名美國記者，因保護消息來源而身陷囹圄。物換星移，一種職業道德產生兩種不同的結果與影響，這當然與記者背後所處的大環境有著密不可分的關係。

一、「深喉」成為匿名消息來源的代名詞

1972 年 6 月 17 日清晨 2 點半，有 5 名竊賊暗闖位於華盛頓水門大廈的民主黨全國競選總部辦公室，之後遭警方逮捕，其中一名竊賊身上的通訊錄中竟記有一個白宮的電話號

---

[1]　本文曾刊登於中國大陸社會科學核心期刊《新聞記者》2005 年 8 月刊。

碼和亨特的名字，這成為剛加盟《華盛頓郵報》的年輕記者伍德沃德調查這一事件的開端。當年的「水門事件」，在美國新聞與政治各界的介入下，終於導致尼克松總統在面臨國會彈劾的壓力之下於 1974 年 8 月 8 日決定引咎辭職，另外，有 40 名政府官員和尼克松競選連任委員會成員被判刑。

　　當時《華盛頓郵報》的兩名年輕記者——伍德沃德和伯恩斯坦，為何有機會成為揭發此樁政治陰謀的英雄？這與其中一名記者伍德沃德的一次交友求職經歷有關。根據伍德沃德於今年 6 月 2 日在《華盛頓郵報》發表的《費爾特是怎樣成為「深喉的」》一文中指出，「水門事件」的線人——馬克‧費爾特，是伍德沃德於 1970 年擔任海軍少尉退役前夕，在白宮西翼傳達候聽室送文件時認識的，此後，伍德沃德多次向費爾特表達對前途茫然與求教工作經驗。因為兩人彼此的信任關係，才使伍德沃德比其他記者有更多機會接觸到聯邦調查局，再加上這名記者勇敢執著追蹤事件真相的不懈精神，終於讓「水門事件」真相大白。這使得《華盛頓郵報》名聲大噪，奠定了與知名老報《紐約時報》平起平坐的地位，兩位原記者也在 1975 年獲普利茲新聞獎，同時美國媒體也成為推動民主政治的標杆，美國媒體至此有機會成為一個扭轉政治危機與公眾抒發對政治不滿的渠道。「深喉」從此便成為匿名消息來源的代名詞。

　　匿名消息來源在新聞報導中的定位雖仍遭到質疑，但記者通常有不公開消息來源身份的責任，以保護消息來源的隱私和生命安全，並可以維繫消息來源和記者聯繫渠道的暢通，這被視為記者的職業道德。同時記者正確引述消息來

源，以及通過對消息來源提供資訊的調查與核實，保證消息
的正確性，這樣可以避免記者被消息來源利用，或是記者濫
用消息來源誇大事實，導致損害新聞報導的公正客觀原則，
這也同時被視為記者的職業道德。當然，不可否認的是，有
些不負責任的記者會以匿名消息來源的方式，作為掩蓋新聞
報導內容證據不足的幌子。即使如此，這仍不能否定匿名消
息來源在新聞調查過程中的重要地位。而且我們往往會發
現，記者所報導的事件所具有的張力和說服力，最後並不在
於匿名消息來源的身份是否應該被公開，而在於這個事件本
身是否確實存在，以及被報導事件的嚴重性，是否足以危害
到公眾利益與社會安全。如果是，公眾會期待媒體找出對事
件負責任的人，並且要求立即處理與解決事件本身存在的問
題。因此，當事件牽涉到國家安全時，政府與媒體的關係通
常會很緊張。通常媒體遭受到政治打壓的問題不在於記者所
持的證據不足，而在於政治本身是否存在媒體所揭露的弊
端。媒體的責任在於報導，政府的責任在於解決問題以給社
會大眾一個交代。

二、新聞問責機制防範媒體被利用

　　從新聞產生的過程來看，新聞可以算作一個由複雜媒體
組織設定的程式所產生出來的成品。新聞本身由事件組成，
而新聞記者必須對事件的真實性負責，因此，必須要有一個
問責機制，要求記者必須進行觀察、訪問等查證工作，以確
保新聞的可信度。在這個查證、核實的過程中，擁有消息來

源便成為新聞界一項功能性需求，換句話說，可信的消息來源是記者可以大膽報導新聞的支柱。因此，消息來源與記者之間就形成一種相互依賴的互動關係，美國社會學家甘斯比喻這是一種跳探戈的關係。記者在極度依賴消息來源的情形下，媒體本身的自主性也會受到挑戰，因此，記者被要求需要不斷利用各種資源，包括質詢與查證消息來源者提供消息的可靠性，以防止媒體被別有用心的人所利用。

《華盛頓郵報》在「水門事件」中之所以被美國新聞界定位成媒體揭露政府弊端的典範，而不是政治恩怨鬥爭的結果，乃在於美國媒體當時確實扭轉了美國政府政治最為黑暗的時刻，終結了美國政府藉口發動越南戰爭以及總統為了個人政治前途不擇手段的骯髒歲月。美國政府從此也以此為鑒，不敢輕易矇騙社會大眾而做出掩耳盜鈴的非法事情。記者的調查性報導也受到了鼓舞。

西方新聞記者通常被賦予「第四權」的稱號，這與他們在發展公民社會的政治過程中參與監督政府行政、立法、司法三權是否濫權有關。在西方媒體經歷國營、黨營、商營的發展進程中，現在單一媒體結構逐漸被多元所取代，這是一個媒體爭取自身力量最大化的競爭時代，與此同時，媒體是否具有獨立性與自主性的問題也經常被爭論不休。但當媒體被認為是介於政府階層與公眾階層之間的一個仲介力量時，媒體比較容易發揮它作為社會權力制衡以及社會情緒平衡與協調的角色，此時媒體的靈活性、獨立性與自主性都比較充分。此時，政府、公眾或媒體都要求權力關係平衡以達到利益劃分的平衡。任何一方都不應擁有完全獨占的權力，

否則，就有可能形成人們所不願意見到的由政府專權的極權國家、由媒體操弄的虛幻世界，或是由公眾駕馭的暴民社會。

俄羅斯社會傳播學者普羅霍夫就曾提出「國家社會媒體」的構想。他認為，媒體是一個社會政治階層，因為媒體可以協助人們完成其他的社會活動。他還認為，媒體在集權國家裏多是表達統治階層的利益，在這一環境中傳播活動缺乏社會正義與人文關懷，此時，媒體沒有表達自己與公眾利益的聲音。因此，他提出將媒體歸為三類：公民媒體、國家社會媒體和國家媒體。公民媒體與國家媒體可以參與國家社會媒體的運作，聯合組成的民族委員會負責管理國家社會媒體，而國家社會媒體比較能夠平衡公民媒體與國家媒體偏向自己利益的偏頗立場。公民利用公民媒體參與和監督國家政權，三種媒體同時向社會大眾負責，爭取支援。他認為，媒體應扮演政治對話者、資訊傳播者、公民社會組織者的角色。

三、美國公權力卯上記者新聞採集特權

「特工門」事件係布希政治顧問卡爾‧羅夫，涉嫌透漏一名尼日爾特工的身份，這一點被《時代》周刊記者馬修‧庫珀於 7 月 16 日在電視媒體中公開證實。據美聯社華盛頓 7 月 6 日的報導，檢察官帕特裏克‧菲茨杰拉正在調查情報特工瓦萊麗‧普拉梅身份曝光案。普拉梅的名字，是在她的丈夫、駐尼日爾前大使約瑟夫‧威爾遜在 2003 年駁斥美國總統布希發動伊拉克戰爭部分理由之後，專欄作家羅伯特‧諾瓦克在《時代》網站上的一篇文章中透漏出來的。

　　同樣在調查「特工門」事件的另一名美國記者，則因保護消息來源而身陷囹圄。這就是在處理一名中情局特工身份洩漏事件的新聞調查中，《紐約時報》記者裘蒂絲·米勒，因拒絕透露她的消息來源，因而被法官以藐視法庭罪名判處3個月的監禁。法庭對米勒的監禁判決讓《紐約時報》編輯部及新聞組反應激烈，並認為這是美國新聞自由史上最黑暗的一天。美國全國新聞俱樂部與記者無國界組織均聲稱，對於一名記者恪守職業道德所作出的司法判決，是對世界新聞自由發出了一個危險的信號！

　　的確，自從「9·11」事件以來，布希政府出於國家安全的考量，就不斷地給美國媒體施壓。再加上一股愛國主義情緒在美國新聞圈中彌漫開來，任何試圖突破這種愛國主義氛圍的媒體，很容易陷入一種道德犯罪的情緒當中，這使得美國媒體在布希推動單邊主義政策與美國國土安全的泛道德化中迷失了方向。那麼，記者在發揮監督政府政策、報導公眾事務，與滿足公眾知情權的所謂社會公器的作用時，到底應不應該享有特權呢？我們看到的是，美國公權力不但卯上了記者採集新聞與保密的權利，而且還是直接粗魯地對待媒體記者。

四、美國記者保密特權的爭議由來已久

　　新聞記者保密特權的概念，是建立在採集新聞的過程中，記者從消息來源那裏所獲得的消息，包括記者的筆記、文件、照片、錄影等具體內容，有不受外在強制力威脅而打

擊到新聞業與資訊公開所作出保持沈默的權利。因此，這裏涉及到記者工作時的職業操守、被報導者的機密權利以及法院判決所採取的態度等等，三者之間的關係往往緊張且微妙。在米勒一案中，就涉及了美國政府、司法公權力、記者保密特權、公眾知情權利等多方的爭議。在這個案例當中，美國憲法所賦予的各種公民權力，並不能很好地解決記者因保護消息來源而鋃鐺入獄的問題，還必須從美國當前環境背景與記者保密特權概念建立的關係來審慎看待。

　　20 世紀 60 年代到 70 年代初，美國記者與新聞機構收到的傳票急遽增加，這使得記者保密特權成為一種迫切的需求。然而，記者的保密特權又觸犯了司法系統中公民有責任出庭作證的義務，以獲得案情所需的足夠證據。美國憲法並沒有直接賦予記者保密的特權，但是多數州已經立法保護記者不受政府機構問訊透露消息來源的權利，以保障民主制度中記者在監督政府運作時所必須有的新聞採集權。記者若想從公民享有言論自由的憲法層面上謀求庇護，也是行不通的。

　　因此，在平衡司法權利、政府機密與記者權利的衝突中，關鍵在於誰能夠有足夠證據說服法官，讓他相信公開消息來源的公正性是否有存在的必要。在 1980 年的西尼爾訴美國日刊案例中，華盛頓最高法院鼓勵了記者在某種情況之下的保密特權。判決說：考慮到現代社會複雜和發散的性質，公眾在代議民主制下作出明智決定的需要，和新聞記者將資訊傳達給公眾與日俱增的重要性，我們認為從社會觀點來看記者在這一方面的權利是應該一貫被鼓勵的。麻塞諸塞州承認記者特權並不是基於憲法第一修正案而來，而是基於

一種社會正義原則。麻塞諸塞州最高法院在 1991 年時曾持
這個觀點：新聞記者並不比其他公民多擁有一個具有憲法基
礎的證據特權。但是我們承認，基於普通法的原則，否認大
陪審團發給新聞記者傳票是符合正義的。因此在平衡司法判
決需有完整證據與新聞自由的利益衝突中，法官不必侵犯記
者的普通法特權。

五、各方需證明自身法源的公正性

　　一般而言，記者對消息來源的保密特權，是建立在消息
是否與公眾利益有關，以及消息是否對國家安全、社會秩
序、人民福祉產生立即且危險影響的基礎之上，也就是說，
當記者為了商業利益與個人私利時就不存在這個特權了，法
官有權保護當事人隱私權或其他憲法賦予的公民權利要求
記者公開消息來源，以辨別消息的真偽。因此，面對政府、
記者、公眾、個人的利益衝突時，司法體系的獨立性就相當
關鍵。獨立的法官判決才能平衡這些利益與價值觀的衝突。
當這些利益衝突時，誰能夠提供法官辨別資訊真偽的證據，
誰就能夠勝出。

　　平衡利益三個基本的要點就是：資訊相關性、消息來源
的替代性、公眾利益之需要。記者若要拒絕透漏消息來源且
保護自己的職業特權，就必須說服法官有其他途徑可以證明
事件的相關性，以替代自己的消息來源成為唯一的證據。同
樣，記者要求法官在讓他們出庭作證之前，以同樣的標準要
求政府證明，記者所擁有的相關證據是不能從其他渠道得知

的。對於法官要求記者作證的緊張關係，必須從以上三點原則中作出緩和與妥協。否則就有司法體系利用自身的行政裁量權的公權力迫害新聞自由之嫌！

　　「9‧11」事件後，布希政府以國家安全為由，經常對媒體的曝料舉動作出反擊，特別是當政府機構人員將情報洩漏給媒體之後，政府往往希望直接從記者口中迅速得知洩密者身份。從利益平衡的角度而言，這裏就產生了一個問題：美政府是否有足夠的證據與充分的理由證明必須直接從記者口中揪出洩密者。反之，在國家安全的大前提之下，記者是否有足夠證據與充分理由足以說明，為了監督政府運行、滿足公眾知情權與捍衛記者特權的職業尊嚴之目的，說服法官不透露消息來源，以維護民主制度的正義性。此外，如果司法體系不從司法獨立、平衡社會利益的司法正義出發，那麼就有可能淪為政府無限擴張公權力的打手。米勒案也反映出美國已陷入發動戰爭之後導致社會價值體系混亂的惡果。美國媒體一貫堅持的報導獨立原則，似乎仍敵不過在戰爭中建構形成的「愛國主義神壇」。

參考文獻：

1.http:// washingto np ost.com. Wednesday,June 1,2005, Thursday,June

2.2005 2.http：//w w w .vanityfair.com /com mentary/content/
　　articles/050530roco02

3.《參考消息》2005 年 7 月 8 日

4.（美）羅伯特‧延森：〈如何拯救美國新聞學和民主？——

丹·拉瑟和美國愛國主義的困境〉，《全球傳媒報告》第 63~79
　　頁，復旦大學出版社 2004 年版

5. （美）唐納德·吉爾摩等：《美國大眾傳播法：判例評析》上冊
　　第 302~352 頁，清華大學出版社 2002 年版

6. 尤英夫：《新聞法論》上冊第 364~281 頁，臺灣世紀法商雜誌社
　　叢書 2000 年版

7. 彭家發：《記者與訊源關係複雜》，香港《傳媒透視》2004 年
　　第 8 期

二　轉型中的俄羅斯媒體與政治[2]

　　自從放棄蘇聯時代國營媒體公有制之後，俄國政府就試圖建立一種結合國家資本、商業經營與公共管理服務制的混合型媒體經營制度，國有電視公共化這個概念的發展大體上經過幾個階段，這一電視公共化概念在葉利欽執政十年期間打下了基礎，普京則負責清除金融寡頭勢力深厚的自由派電視臺，它的趨勢特色基本可歸納如下幾點：

1. 政策限制鬆綁，開放媒體市場：大眾傳媒經營的所有權從一黨獨大的壟斷型走向多黨化、多元化和私有化以及金融工業集團的媒體寡頭和國營媒體集團壟斷的方向上來。

2. 國營電視媒體壟斷與所有權集中化：俄羅斯政府以新聞主管機關——俄羅斯聯邦廣播電視服務處、俄羅斯聯邦廣播電視委員會和俄羅斯聯邦出版委員會合併為後來的出版、廣播電視與大眾傳播事務部（МПТР），以及國營媒體事業領導集團－全俄羅斯國家電視廣播公司（ВГТРК）把所有中央暨地方國營廣播電視公司、新聞資訊社（РИА «Новости»）和電視技術中心奧斯坦基諾（ТТЦ«Остан-кино»）同時納入全俄羅斯國家電視廣播公司中統一整合調度管理，來強化政府在資訊空間中的主導地位。

---

[2]　本文曾在復旦大學舉行的 2004 年 8 月中國傳播學論壇上發表，並獲得教師組優秀論文獎。本文略有縮減。

3. 記者角色的轉變：記者角色從恪遵黨意到監督政府，從監
   督政府到相互制衡，從相互制衡到受政府制約。從蘇聯過
   渡到俄羅斯政體轉變至今這段期間，記者角色從關心社會
   與黨的發展到協助政府穩定社會，再從協助政府穩定社會
   過渡到保衛俄羅斯的國家利益，最近俄羅斯媒體記者還肩
   負起反恐方面的任務。

一、限制松綁，開放媒體市場

　　1990 年 2 月，蘇共中央全會取消共產黨對國家的法定
地位，並實行總統制和多黨制；1990 年 6 月 12 日，最高蘇
維埃通過了《出版與其他大眾傳播媒體法》，取消新聞檢查
制度與創辦者資格限制；1991 年 12 月 27 日，即蘇聯解體
的第二天，俄羅斯聯邦總統葉利欽立刻簽署生效執第一部行
俄羅斯聯邦法《大眾傳播媒體法》。

　　在蘇聯時期，俄共是唯一合法的媒體創辦者，蘇聯體制
下的國家政府機關和各級黨組織專營主辦報刊和經營媒
體，媒體經費來自政府預算的分配補助，而從蘇聯到俄羅斯
政治體制轉軌過程中，所帶來經營方式的改變是在於當局解
除了媒體創辦者的資格限制。媒體經營的模式也從過去共黨
和政府機關辦報集中管理的垂直模式，轉變成為國家投資、
政黨投資、私人資本、外企合資的多元股份制模式，政府功
能也正式由過去的「審批辦理媒體」向「專業管理媒體」方
向轉變，以促進媒體面向市場，充分利用地域及行業的市場
資源，形成獨立法人的治理結構。

　　大眾傳播自由的確定與所有權的限制鬆綁[3]帶來了媒體市場化與多元化，但限制性條款的模糊空間存在仍造成政府權力機關與記者的關係緊張，例如傳媒法第四條禁止濫用新聞自由中規定，不允許媒體宣傳犯罪行為，像是號召變更領土、主張國土分裂、煽動種族憎恨、主張色情與其他引起對立憎恨情緒的猥褻言論等，傳媒法第十六條停止傳播活動，賦予媒體所有權者或發行人有權停止媒體活動。傳媒法對媒體限制性的條款尚包括第八條申請註冊大眾媒體、第九條不允許重覆註冊、第十三條拒絕登記註冊、第三十一條播出執照、第三十二條撤銷執照等等。不論中央或地方政府機關經常就以媒體內容具有貶損和危害政府形象與利益為由，撤換電視節目或刊物刊登的內容，以及解除記者職務或者減少經濟補助來威嚇記者的報導取向。

　　後蘇聯時期的地方政權與媒體的關係反映在媒體仍然相當依賴來自於政府的資金補助上，90%以上地區媒體的報導仍表達某個政府權威或媒體經營者的觀點[4]。一部分失去金元支援的媒體又多在各級政權機關的庇護之下，有的媒體則是尋求廠商贊助，有些則是宣告破產，並把自己的地盤轉

---

[3]　傳媒法第七條創辦人，媒體申請者可為公民、公民團體、企業、機構、組織、政府機關。

[4]　Российские средства массовой информации, власть и капитал: к вопросу о концентрации и прозрачности СМИ в России, М.: Центр «Право и СМИ», 1999. с. 80（Журналистика и право; Вып.18）.（《俄羅斯大眾傳播資訊、政權與資金：俄羅斯媒體康采恩與透明化》，莫斯科：立法與媒體中心，1999 年，第 80 頁。同時刊載於《新聞學與立法》期刊第十八期。）

讓給廣告主。在政體轉軌與媒體轉型初期，當時國家出版部只照顧民主派的刊物，反對派的刊物只能自尋生路[5]。

俄羅斯媒體從國有化快速轉型至私有化與市場化的結果，政府不再有責任完全負擔補助媒體，除了國家通訊社伊塔——塔斯社（ИТАР-ТАСС）與中央政府機關報《俄羅斯報》（Российская газета）由中央預算補助之外，其他媒體都需自負盈虧，這直接衝擊了大眾傳媒的生存，沒有官股與財團支援的媒體，反而失去了生存的空間。紙張與印刷機器的昂貴都迫使出版品價格大幅提升，導致民眾購買能力降低，變相剝奪了俄國人在公眾場所隨處可見的閱報習慣和享受。

二、國家廣電集團所有權集中化

1991 年 12 月 26 日，蘇聯解體，俄羅斯新的政治體系開始發展形成，俄羅斯政治學者伊爾欣（Ирхин Ю. В.）認為，任何政治體系中的社會關係都包含著政府權威部門的決策[6]。俄羅斯莫斯科國立大學新聞系教授施匡金（Шкондин М.В）認為，由社會各個成員組成的資訊關係應該形成一個統一整體的資訊空間體系[7]。

---

[5] Грабельников А. А.（1995）.Средства массовой информации в современном обществе: тенденции развития, подгатовка кадров, М.: Изд-во РУДН, с. 3~4.（葛拉貝裏尼柯夫，《當代社會的大眾媒體：發展趨勢,人才養成》,莫斯科：亞非民族友誼大學,1995 年，第 3－4 頁。）

[6] Ирхин Ю. В.（1996）.Политология, М.:РУДН, стр. 228.（伊爾欣，《政治學》,莫斯科：亞非民族友誼大學出版社,1996 年，第 228 頁。）

[7] см. Шкондин М.В.（1999）. Система средств массовой информации, М.:МГУ, стр. 5~6.（施匡金,《大眾傳播媒體》,莫斯科：莫斯科國立

俄羅斯執政當局創辦媒體、建立媒體事業領導集團，並且持續加強新聞宣傳主管單位統合、分配和管理的功能，這是中央政府在媒體轉型過渡期間逐步摸索出控制媒體的方式。而在這個整體的資訊空間中，俄羅斯政府以新聞主管機關——俄羅斯聯邦廣播電視服務處、俄羅斯聯邦廣播電視委員會和俄羅斯聯邦出版委員會合併為後來的出版、廣播電視與大眾傳播事務部（МПТР）以及國營媒體事業領導集團－全俄羅斯國家電視廣播公司（ВГТРК）來強化政府在資訊空間中的主導地位。

（一）廣電管理主管機關的整合（МПТР）

蘇聯解體之後，原屬於前蘇聯的中央電視臺與廣播電臺則分別歸屬於聯邦政府與各地方政府或共和國，在俄羅斯聯邦剛成立的初期，就已經形成大約 75 個電視中心，然而地方政府對於電視中心的管理，卻遠遠落後於前蘇聯中央政府的統一管理。這其中關鍵的因素就是地方政府無法籌集到用於電視中心發展的資金，同時電視中心的新聞從業人員對於電視媒體的管理也缺乏必要的經驗[8]。

這種地方媒體讓中央鞭長莫及的各自為政現象，一直持續到 1993 年底，當俄羅斯政體確定了總統權力集中制的雙首長混合式的行政體系之後，強化政府廣播電視主管

大學出版社，1999 年，第 5～6 頁。）

[8] Ворошлов В. В.（1999）. Журналистика, СПБ.: изд. Махайлова В. А., c.53～55.（瓦拉什洛夫，《新聞學》，聖彼得堡：米哈伊洛夫出版社，1999 年， 第 53－56 頁。）

機關在電子傳播領域中的主導地位，就成為葉利欽乃至普京總統重新對媒體進行有效控管的最佳策略。就如同哈伯馬斯（Habermas）於 1989 年在著作《公共領域的轉型結構》（The Structure of transformation of the public sphere）中提及的問題：國家總是試圖將政治性問題轉化為技術性問題。

　　1993 年底，葉利欽總統簽署總統令成立俄羅斯聯邦廣播電視服務處（ФСТР），與此同時，俄羅斯廣播電視委員會（Федеральная комиссия по телерадиовещанию）也宣布正式成立，後者屬於聯邦政府體制外的服務單位，直接向總統本人負責。廣電服務處成立的目的在於協調並處理整個聯邦內傳播活動中出現的爭議性問題，而廣電委員會的功能則在於負責廣播電視臺中具體的技術性問題與頻道使用的政策研議工作，這樣政府體制內外組成的結構，在當時其實就是一種總統為控制媒體所做出的政治性考量。這是 1993 年 10 月政府與議會衝突武力化，當時的人民議會堂——白宮（現成為俄羅斯聯邦政府所在地）遭到葉利欽調動軍隊炮轟後，葉利欽為消除政治繼續動盪的後遺症以及避免反對派人士擔任廣電單位職務，而決定進行的特殊組合。

　　按照俄羅斯大眾傳播媒體法第三十條規定，廣電委員會其中一項最重要的任務就是檢查廣播電視節目是否符合傳媒法的規定，然後再根據各家廣播電視臺的具體情況發給節目播出許可證照。此外，如果廣播電視臺之間產生任何糾紛，委員會還會介入其間解決糾紛，委員會決定是否幫助廣播電視臺在最高法院中的資訊爭議廳進行協定調停，或是有

些媒體糾紛還會透過民間機構——捍衛公開性媒體保護基金會（ФЗГ）進行調停。

傳媒法第三十一條播出執照中提及，廣電委員會可以因為申請者不符合要求，拒絕節目營運的申請與執照的發放，申請者以參加頻道競爭的方式來爭取播出許可執照，廣電委員會具有評鑒申請資格的權力。這一點為普京執政後制訂《部分形式活動登記註冊法》、選擇親政府的電視公司經營頻道以及收回國家電視頻道的舉措種下因數。媒體經營者在頻道資源稀少與發射塔國有的情形之下，只有選擇媒體服務於政府或是退出媒體經營範圍。

1999 年 7 月 6 日，葉利欽頒布命令《完善國家管理大眾資訊》，將俄羅斯聯邦廣播電視服務處與俄羅斯聯邦廣播電視委員會以及俄羅斯聯邦出版委員會（Роскомпечать）合併組成一個單一的新聞宣傳主管機關——出版、廣電和大眾傳播事務部（統稱新聞出版部）（МПТР）[9]。俄國家媒體主管機關以國家行政與技術資源掌控者與分配者的身份，在傳播體系中準備逐步收編和整頓媒體的活動。

根據總統《完善國家管理大眾資訊》的命令，新聞出版部的主要任務是研議與落實國家資訊政策，大體包括了大眾傳播資訊的傳播與交換，刊物的登記註冊與執照發放，廣告的製作與媒體託播，技術基礎設備的發展建設與頻波規範使用，以及協調聯邦各級政府行政機關對廣播電視設備的使用問題等等[10]。

---

[9]　Российская газета　（1999.7.6）.（《俄羅斯報》，1999 年 7 月 6 日）

[10]　Указ «О совершенствовании государственного управления в сфере массовой информации». Правовая защита прессы и книгоиздания, М.:

　　葉利欽總是習慣於以頒發總統令的方式來進行媒體改革，這樣可以避免俄共在國會中的制肘，或是因利益團體的爭鬥而延宕葉利欽所希望推動的政策。他的性情總是急躁而又想做事情的個人獨斷風格，這點經常為人所詬病。然而他不尊重議會，任意頒發總統令搞體制外運行機制，却造成長期政府與議會衝突而延誤國家改革的進行，這開啟了決議案延宕與總統繞過國會直接頒布命令行事的惡性循環。自1993年十月事件之後，葉利欽威脅解散國會、俄共揚言彈劾總統的政治對立、衝突、妥協的戲碼，在媒體的關注之下就年年上演，讓民眾對國家政權機構感到非常失望。

（二）全俄羅斯國家電視廣播公司（ВГТРК）成為媒體事業的領導機構

　　媒體是葉利欽登上權力高峰的主要工具。1991年5月，葉利欽向蘇共中央黨書記戈巴契夫爭取到開播第二頻道俄羅斯廣播電視臺（РТР）的權利，頓時扭轉了蘇聯時期只有奧斯坦基諾蘇聯中央廣播電視公司一家獨大的電視媒體頻道壟斷的局面[11]。俄羅斯境內遂形成兩家國營的中央級電視臺互別苗頭的情況，對俄羅斯新政府而言，奧斯坦基諾是蘇聯舊時代的產物，如何提升俄羅斯廣播電視臺的節目水準與

　　НОРМА с 390－392.（可參閱《新聞與圖書出版法律保護》，莫斯科：法規出版社，2000年，第390－490頁。）

[11] Засурский И. Я.（1999）. Масс-медиа второй республики, М.:МГУ, с.142.（伊凡‧扎蘇爾斯基《第二共和的大眾媒體》，莫斯科：莫斯科國立大學出版社，1999年，第142頁。）

壯大全俄羅斯國家電視廣播公司集團，一直是葉利欽鞏固政權和控制媒體資源的重要目標。

俄羅斯廣播電視臺從播出開始，節目涉及了社會、政治、資訊、文化等相關領域，節目播出使用了衛星、地面轉播站等相關設備，全俄羅斯有98.7%的大眾可收看到該電視頻道，同時衛星轉播該電視臺的廣播版一晝夜達17.3小時，俄羅斯節目還可以在阿塞拜疆、亞美尼亞、格魯吉亞、吉爾吉斯坦、烏茲別克斯坦、塔吉克斯坦、白俄羅斯完全觀看，但在哈薩克斯坦與烏克蘭只能收看部分時段的俄羅斯國家廣播電視臺節目[12]。

俄羅斯政府在九十年代一共規劃出六個無線電視頻道，奧斯坦基諾（政府釋股後改為俄羅斯社會電視臺）與俄羅斯廣播電視臺都利用中央政府的奧斯坦基諾發射塔與俄上空衛星傳輸覆蓋全俄面積約99%地區。1999年，在葉利欽宣導俄羅斯文化季與慶祝莫斯科建城八百五十周年之際，原屬於聖彼得堡電視臺的第五頻道後來被劃歸給剛成立的文化電視臺完全使用，該電視臺通過衛星每天轉播12.8個小時的節目，[13]文化電視臺是俄政府成立公共電視臺、落實國有公共服務制的重要一步，文化電視臺完全沒有商業廣告，主要經由政府赤字經營該電視臺，目的是將它發展成為一個以

---

[12] Ворошлов В. В. （1999）. Журналистика, СПБ.: изд. Махайлова В. А., c.55. （瓦拉什洛夫，《新聞學》，聖彼得堡：米哈伊洛夫出版社，1999年，　第55頁。）

[13] Ворошлов В. В. （1999）. Журналистика, СПБ.: изд. Махайлова В. А., c.56. （瓦拉什洛夫，《新聞學》，聖彼得堡：米哈伊洛夫出版社，1999年，　第56頁。）

文化藝術為主的高品質公共服務性質型態的專門電視頻道。普京上任後逐漸迫使寡頭退出電視媒體經營，以推動俄國電視的公共化進程。

葉利欽為了讓國家主管機關在參與組織媒體活動的過程中，扮演執行調控媒體事業主導者的角色，遂於 1997 年 8 月 25 日頒布總統令《全俄國營電視廣播公司的問題》，1998 年 5 月 8 日，葉利欽又簽署總統令《關於完善國營電子媒體的工作》，正式將所有中央暨地方國營廣播電視公司、新聞資訊社（РИА «Новости»）和電視技術中心奧斯坦基諾（ТТЦ «Остан-кино»）同時納入全俄羅斯國家電視廣播公司中統一整合調度管理，國營的中央電視臺俄羅斯社會電視臺（ОРТ）與當時最大的商業電視臺——古辛斯基（Гусинский）「橋媒體」集團所屬、使用政府規劃出第三頻道的獨立電視臺（НТВ）都使用電視技術中心的設備資源，媒體寡頭都立刻感受到全俄羅斯國家電視廣播公司的技術牽制[14]。

白宮政府在遵循克宮的命令下，負責執行繼續強化在資訊領域中控制電子媒體活動的政策，遂於 1998 年 7 月 27 日通過了一項行政決議《關於形成國營電子媒體生產——技術一體化》。該項政府決議是延續 1997 年 8 月 25 日總統令《全俄國營電視廣播公司的問題》與 1998 年 5 月 8 日葉利欽簽署的總統令《關於完善國營電子媒體的工作》的實施細則，

14　Два в одном канале. ОРТ и НТВ теперь зависит от ВГТРК// Коммерсантъ.（1998. 5. 12）（〈二合一頻道，社會電視台與獨立電視台現在依賴全俄羅斯國家電視廣播公司〉，《生意人》雜誌，1998 年 5 月 12 日。）

正式確定了全俄羅斯國家電視廣播公司（ВГТРК）作為國營媒體集團生產技術的最高領導級單位[15]。從葉利欽總統執政的末期到普京當權期間，主政者以立法的方式逐步建立起一個以中央政府的媒體主管機關——新聞出版部（МПТР）為中樞控制中心和以媒體事業領導集團全俄羅斯國家電視廣播公司（ВГТРК）為媒體資源分配者的方式，不斷加強政府在傳播領域中的主導地位，使俄羅斯媒體在一個統一完整的傳播體系下運作。

俄羅斯前總統葉利欽執政初期的傳媒立法專家、前新聞出版部長米哈伊爾·費德洛夫指出，政府在俄羅斯傳播法建立總體設想當中的地位，在於俄羅斯政府應當大力發展服務於社會的媒體，它的形成必須仰賴於聯邦、地區和自治共和國政府三種領導勢力的整合，只有這三種政府勢力將本以分散的傳播資源整合之後，俄羅斯傳媒才可能在全俄羅斯國家電視廣播公司集團統合資源分配的領導下，完成俄羅斯媒體公共化的目的[16]。這一電視公共化概念在葉利欽執政十年期間奠定了基礎，普京則負責清除金融寡頭勢力深根的自由派電視臺。

普京於 2000 年就任後的第一件重大的舉動就是重新整頓規劃媒體版圖，讓媒體成為推動國家政策的有利宣傳機

---

[15] Полукаров В. Л.(1999). Реклама, общество, право, приложение 4, М.: Знак, с123. （波陸卡若夫，《廣告、社會、法律》，莫斯科：標誌出版社，1999 年，第 123 頁。）

[16] Московские Новости（2002.6.11）.（《莫斯科新聞報》，2002 年 6 月 11 日）。

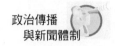

制。俄羅斯政府加強傳播領域一體化的做法就是：一方面制
訂相應整合的資訊傳播政策，另一方面消弱九十年代中期以
後形成的金融寡頭或媒體財閥的媒體經營勢力，同時讓國營
天然氣和石油等國家最大的工業集團資金大量介入媒體事
業，特別是兼並俄兩大媒體金融寡頭古辛斯基和別列佐夫斯
基的電視與電影產業公司。在普京總統執政期間，媒體經營
權與頻道使用權在司法與金錢的運用下，逐漸演變成為一場
電視媒體經營執照權的媒體資源壟斷爭奪戰。

三、記者角色的轉變

從蘇聯過渡到俄羅斯政體轉變至今這段期間，記者角色
從關心社會與黨的發展到協助政府穩定社會，再從協助政府
穩定社會過渡到保衛俄羅斯的國家利益，最近俄羅斯媒體記
者還肩負起反恐方面的任務。

事實上，自由化是俄羅斯媒體人在蘇聯黨營媒體時期渴
望獲得的權力。自從十七世紀彼得大帝開始實行西化政策以
來，俄羅斯各個領域的思維始終都出現西方派與俄國本土派
之爭。在戈巴契夫時期俄共出現了激烈的民主派與俄共派之
爭，最後葉利欽的民主派獲勝，促使蘇聯瓦解。解體後的政
府與主張第四權的民主派和自由派媒體可以算是理念接
近，但是畢竟葉利欽第二任期內政府的績效不振，讓金融工
業集團的寡頭凌駕在政府的頭上，社會貧富差距逐漸擴大。

因此，普京就任總統之後，便直接追溯以彼得大帝為尊[17]，高唱以恢復俄羅斯國家光榮為己任，普京執政的手法就是一種大斯拉夫帝國主義的國家化：國家利益優先，個人利益次之；政府政策優先，企業利益次之的一種思考模式。

自二十世紀九十年代初起，俄媒體事業逐漸轉型成為扮演相當於監督行政、立法、司法三個國家權威機關「第四權」的社會公器機制，俄羅斯媒體職能從附屬政府機關的宣傳機構轉換成為一個資訊流通且守望環境的獨立階層。所以普京上臺後，媒體國家化絕對要高於媒體自由化。

自由多元主義論（pluralism）乃是結構功能學派之下的重要理論觀點，它認為社會務求不同的利益體同時存在，並且取得權力的相互制衡。所以自由多元主義者主張新聞媒體應該具有相當程度的自主性，並且構成獨立於政府、政黨與壓力團體或是行政、立法、司法之外相當於「第四權力」的部門，為達到這些目的，媒體必須要擁有相當程度的自主權，只有當新聞媒體擁有專業的自由權，各個不同的利益群體之間才能藉以相互制衡，來維持社會的動態平衡發展[18]。

而馬克思主義的媒體理論觀點直接挑戰了自由多元主義者對社會權力的看法，認為媒體並非是一個真正自主性的組織體系，而是統治階級用來控制意識形態的工具，它們所

---

[17] 普京總統辦公室內懸挂著一幅彼得大帝的肖像油畫，普京是聖彼得堡人，他曾說過自己最崇拜和欣賞的人就是聖彼得堡建城者－彼得大帝。

[18] 林東泰。《大眾傳播理論》，臺北市：師大書苑，1999 年，第 11－14 頁。

表現出來的所有權、法律規範、專業價值都是對主流意義的
屈服，其專業理念和工作實踐都是受到政治經濟力量所決
定。根據馬克思的意識形態理論，語言符號決定了該社群的
意識形態，只要掌握建構意識形態符號的管道——例如大眾
傳播媒體，也就是一旦控制媒體的所有權就能控制媒體所製
造出來的意識形態，然後就能調控塑造人們的意識形態[19]。
普京實行媒體服務於國家概念首先必須重新控制大部分媒
體的所有權，這使得自由派的媒體寡頭與專業化記者都對於
普京的做法感到憤怒與憂慮。

　　現任俄羅斯莫斯科國立大學新聞系主任亞欣·扎蘇爾
斯基，他的孫子也是俄傳播研究者亞辛·扎蘇爾斯基
（Засурский）就強調媒體在公民社會中的作用，他認為媒
體在理想的公民社會中對國家發生任何突發事件都能處之
泰然，並不斷與政府進行有效的互動溝通，使國家推動的改
革能夠一直順利進行下去[20]。基本上，「公民社會」與「民
主法治」這兩個概念，是俄羅斯在蘇聯解體之後新聞界追求
的兩項理念指導原則。

　　雖然前總統葉利欽在爭取國家獨立與政策松綁的過程
中，曾與民主派媒體是同一戰線，但是執政者與媒體經營者
的利益取向畢竟不同，記者也必須監督政府濫權與揭發政府
弊案，來滿足閱聽眾的知情權益或甚至是好奇心。這樣自由
的媒體遇上國家發生重大政治事件、戰爭或緊急災難時，例

---

[19] 同上，第 16 頁。
[20] http：//www.russ.ru/journal/media/98-01-06/zasurs.htm

如炮轟白宮、車臣戰爭，政體轉軌後的政府與媒體都缺乏在自由時期的合作經驗以及對資訊政策的實踐經驗，例如反政府與反戰的輿論都讓新政府對自由媒體產生一種無可奈何的憎恨感，所以在普京時期，整合媒體是恢復國力的第一步驟。

俄媒體事業在俄羅斯時期的發展牽系於政權與媒體間的互動關係，甚至是雙方的默契，彼此經歷了蜜月與對立時期，兩股勢力不斷相互消長，論述基本如下：

（一）1990 年到 1993 年，政府解除媒體禁令，媒體得到自由，因此支援民主派政府繼續進行改革的道路；

（二)1993 年政府與議會爭奪國家最高行政權白熱化之際，「國家政府派」媒體持不批評政府的支援立場，以及「自由民主派」媒體持批評但支援政府改革的立場，但在這段期間，政府成立了國家緊急狀態委員會，經常控制記者言論，並下令禁止共產黨媒體的活動，這引起媒體人強烈的反彈。

（三）1994 年到 1996 年主流媒體反戰，只有俄共和斯拉夫民族主義者的微弱媒體勢力支援捍衛國家主權的戰爭行動，這時政府與「自由民主派」媒體人的關係很對立，而大規模的車臣戰爭消弱了俄羅斯的經濟實力和國際形象。

（四）1996 年與 2000 年兩次總統大選期間，媒體與政權之間的關係良好，「國家政府派」與　「自由民主派」媒體支援俄羅斯繼續走民主法治以及市場經濟的道路，媒體經營者可繼續發展做大，記者可以自由報導。由於俄羅斯前總統葉利欽是無黨無派，在他執政期間，政府有賴金融工業集團的支援，與俄共舊勢力抗衡，國會是左派政黨主導，葉利欽以總統令發展媒體，政權和金融工業集團已經形成魚幫

水、水幫魚的自然利益共同體，媒體會因為利益替政府政策護航。

（五）2000 年以後，普京上任初期，政策多由國會第二大黨團結黨護航，其他黨如右翼聯盟、自民黨與無黨籍議員也大都支援普京的政府。2002 年前夕，團結黨與中間偏左派的第三大党俄羅斯祖國黨結盟合并，更確定了今後國會將更順暢地執行總統的政策。普京登上權力高峰當選總統後，立刻展開對兩大私營媒體壟斷集團進行打擊，結束了九十年代媒體群雄割據的局面，確立政府資本獨大的新壟斷形勢。媒體與政府關係也從百花齊放的自由浪漫階段進入國家威權體制時期，這時媒體以國家資本獨大形式逐漸成為政府的宣傳機器，在大部分情形下將扮演政府引導輿論民情的喉舌，也就是今後媒體必須服務政府，以政府主導的國家整體利益優先，企業與個人利益居次。此時，媒體記者將逐漸持不批評政府政策的態度，以求媒體與政府保持友好互動，迫使「自由民主派」的專業記者面臨新聞自由受限的窘境。

三　蘇聯解體後之俄羅斯傳媒轉型特點[21]

　　二十世紀的九十年代至二十一世紀初期，俄羅斯媒體生態環境與傳播體系經歷了外部與內部的巨大變遷，媒體經營結構也從蘇共壟斷的垂直控管模式轉變為多黨化、多元化、私有化、集團化、專業化、國家化的形態趨勢。在媒體結構轉型期間，各方媒體勢力不斷進行資本重組與集團兼並。普京執政之後的這段期間，可以看做是媒體轉型經過衝突、對立、整合辯證過程之後的定型，以及又一個新的權威分配關係的政治傳播體系形成的開始。

　　在俄羅斯媒體與政府共同經歷政治體制轉軌的過程中，關於媒體事業與傳播活動的「轉型」與「定位」的研究基本上可視為一個陌生、全新、且從無序到有序的摸索，俄羅斯政府與媒體互動關係的發展基本上可解讀為一種「開放媒體經營市場＆倡議言論自由──占領媒體市場版塊＆言論無限自由──建立結合本國國情、政府主導經營管理的傳播秩序＆政府可以容忍的有限度言論自由」的模式。大體上來說，政府與媒體互動模式逐步成型。作者這裏將「轉型」與「定位」的發展過程大抵歸納為以下幾點。

---

[21] 本文部分內容曾在 2003 年 12 月廈門大學新聞系與中國新聞史學會合辦的第二屆華夏傳播論壇上發表。

一、媒體職能理論方面：
「國家派理論 v.s 自由派理論」

公眾利益在政府機器強調的國家利益或財團強調自由市場所謀求的商業利益之間，並沒有取得一個平衡的位置。傳播學者經常發現，三者之間的平衡點通常處於失焦狀態，因為媒體與政府各自掌握話語權的優勢，而公眾接近與使用媒體的權利卻缺乏完整法律的保障，有時候縱然有法律的規範，但是為了避免媒體的寒蟬效應，政府又不能過多強制媒體行為，客觀的現實環境是：媒體的所有權者、經營管理者與編輯記者仍掌握媒體公共空間分配的同意權，公眾還是需要政府的主動立法協助，才有機會參與社會的公共事務，那麼，一種民主政治所追求的公民社會才有可能建立成型。而俄羅斯還處於國家利益與自由市場之間的爭執。

持「國家派媒體理論」的俄羅斯政權認為，媒體不是一個獨立自主的組織，它仍受制於所有權、政策法令以及主流意識形態的操控，所以只有讓國家資本壟斷媒體的所有權，才能使媒體在國家化過程中替國家利益服務，同時政府也能夠考量讓媒體集團在全球化與集團化的潮流中繼續經營賺錢，又可以擺脫私營媒體經營者為了自身商業利益，而做出干涉政府政策或影響國家利益的事情，所以普京總統讓媒體國家化對政府而言是一舉三得的做法。

持「自由多元派理論」的主張者則強調，新聞媒體應該是具有相當程度自主性的專業機構，它的競爭力與制約力應來自於閱聽眾的自由市場機制和社會大眾對它的制約監督

所決定它的生存與否，它的社會責任是扮演獨立於政府、政黨與壓力團體或是行政、立法、司法之外相當於「第四權力」的公器部門，為達到這些目的，媒體必須要擁有相當程度的自主權，只有當新聞媒體擁有專業的自由權，各個不同的利益群體之間才能藉以相互制衡，來維持社會的動態平衡發展。在這場俄羅斯「國家化媒體 v.s 專業化媒體」與「國家派理論 v.s 自由派理論」的爭鬥中，專業媒體人是強調對於新聞自由的基本訴求，要求普京在媒體國家化的過程當中，要兼顧適當保持新聞的自主性和獨立性。

　　媒體國家化與專業化爭鬥將繼續進行。普京總統讓媒體國有化的方式就是利用國營的天然氣、石油金融工業集團的龐大資本來兼並寡頭的媒體事業，以及利用司法程式對媒體集團進行財務查帳，讓私營或與政府立場相異的媒體寡頭陷入遭受官司纏訟的痛苦之中，然後政府再以經營不善為由撤銷電視臺的播出執照，而政府最後仍會收編知名的專業記者與團隊，繼續來為政府的電視公司進行專業化的經營與管理，並且要求記者報導要以不傷害國家形象以及為政府政策服務為優先的考量點。

　　因此，由普京上任後打擊媒體寡頭的舉措來看，儘管已使得目前俄羅斯媒體現在僅存在親普京總統的國營金融工業集團國家派和自由派專業媒體人的界線，親普京的金融工業集團以魯克石油集團總裁阿列克佩羅夫（Вагит Алекперов）為國家派的代表，而自由派專業媒體人則以前獨立電視臺的總經理基辛廖夫（Евгений Киселев）為首。基辛廖夫從獨立電視臺轉移陣地到第六電視臺，從第六電視

臺營運結束到率領記者團體競賽取得第六頻道的營運執照，他的社會智慧電視臺營運三個月就被迫結束，所使用的第六頻道被政府重新收回，基辛廖夫終究不敵普京的國家化政策，黯然退出電視節目的經營與製作，等待東山再起的機會。

二、媒體經營管理方面：
全俄羅斯國家電視廣播公司是領導集團

九十年代末開始，主要由政府所屬的媒體控股集團公司——全俄羅斯國家電視廣播公司（ВГТРК）持續主導媒體事業的經營，逐步取代前蘇聯中央電視臺奧斯坦基諾（後由政府釋股更名為俄羅斯社會電視臺與第頻道一電視臺）占據全俄的地位與職能，重新以技術、資金和頻波資源整合的控管方式壟斷全俄廣播電視的受眾市場。而新聞主管機關——新聞出版部（МПТР）則負責操控媒介環境的發展秩序與資訊政策的制訂機制。俄中央政府積極參與媒體一體化的形成，泛政治化的國家資金已大量投入媒體市場版塊，所有權集中的媒體整合行動，仍會隨著時代潮流的趨勢繼續發展下去，成為政府獨大的新壟斷形式。

而「股權比例分散原則」將是政府避免商業媒體集團產生寡頭壟斷結構的法律壁壘。目前俄羅斯尚未形成媒體有效利潤的市場經濟環境，因此俄政政府與議會以限制證照發放的方式，遏止媒體快速的成長。政府還要減少傳媒對政府補助的依賴性，尤其是地方政府，但是主要加強國家中央媒體集團——全俄羅斯電視廣播公司集團在全俄境內技術資源

與預算分配的統籌功能。俄政府的立場就是要作為遵守市場游戲規則的競賽者，在未來要減少對媒體市場運作的直接干預，而改以市場整頓者與政策宏觀調控者的身分，建構俄羅斯良好的媒體發展市場與投資環境，以期媒體不僅要發揮社會性功能，還要發揮創造市場產品效益的媒體經濟功能。

　　國家電視臺是維護國家利益的重要宣傳機器，俄政府相當重視國家媒體與商業媒體的區隔性，公共媒體是未來發展發向。俄政府保留國家電視臺的想法是：媒體必須做到保障人民的公平近用權，尤其是在選舉期間，通常有經濟實力的候選人就有機會增加自己在媒體中的曝光度與宣傳力，因此，政府必須在選舉期間對媒體使用做出規範，使各個政黨的候選人能夠在政府的規範下，公平利用媒體競選，以滿足受眾接受各種意見與資訊的知情權利。不過，國家媒體有責任報導國家機關的行為活動，關於這些規定由《國家媒體報導國家政權行為秩序法》中規範，這是保障國家媒體的優勢法規。換句話說，在選舉期間，執政黨的候選人本來就擁有較多的媒體曝光率，限制候選人與競選政黨的媒體使用率，難免給人一種競選環境不公與執政當局操控媒體的感覺，顯出國家機器行政的優勢造成資訊的壟斷和輿論的偏向，因此，公平近用權落實的真正出發點，是歐美國家檢驗俄羅斯民主媒體發展現況的一個關鍵點。

三、傳媒立法方面：
中央政府將扮演制高點的角色

目前俄羅斯政府與媒體經營者以及政府和記者的互動關係是：政府已經掌握制訂傳播公平競爭游戲規則的主導權優勢，政府一手握著立法保障新聞自由的橄欖枝，另一手握著停止媒體事業的殺手鐗，根據俄羅斯聯邦立法《大眾傳播媒體法》的規定，政府主管機關具有停止媒體經營事業的權力[22]，政府兩手之上還有個掌管神經中樞、設定游戲規則的大腦——新聞出版部，2001 年 8 月 8 日，由普京總統簽署生效了關於媒體《部分形式活動的登記註冊法》，其中引進了媒體公平競爭機制，擴大與實現了傳媒法原本賦予廣播電視委員會的評鑒權力，也就是自此以後將由政府來確實執行裁決媒體申辦的獲勝者。由於這樣頻道使用期限沒有保障的媒體限制，使得在未來的媒體競賽中，政府將是最終的協調者與裁決者，尤其在普京政府獨大期間，在國會中將難有利益

---

[22] 最讓媒體忐忑不安的就是《大眾傳播媒體法》十六條停止傳播活動規定：創辦發行人有權決定停止傳播活動，媒體全體員工與總編輯可以獲同一媒體名稱創辦的優先權。此外，若媒體在十二個月內屢次違反傳媒法第四條濫用新聞自由的規定，其意指禁止利用大眾傳播媒體泄漏國家機密和受法律保護的其他機密，禁止號召用暴力推翻或改變憲政體制制度，禁止宣傳戰爭、法西斯或極端主義，禁止宣傳種族、宗族和宗教狂熱和偏見，禁止傳播色情、暴力和殘忍。禁止利用大眾傳播媒體干涉公民私生活，侵犯公民的榮譽、尊嚴和健康。政府指導單位若用書面警告無效，可利用公權力終止媒體傳播行為，媒體不服可以向法院上訴，由法院裁決主管機關決議。俄新聞界認為這是政府為對媒體施壓所保留的條款。(可參考請參閱《記者法律總覽》，莫斯科：斯拉夫對話出版社，1997 年，第 111 頁。)

集團游說的空間，而媒體經營者必須與政府靠攏。2002 年，第六頻道營運執照的輾轉規劃，就是普京執政後具體落實媒體國家化與政府扮演制高角色這個概念的實際行動。

上個世紀的九十年代，也就是俄羅斯媒體轉型的關鍵時期，新聞出版部長列辛認為媒體自由化是最大的特徵，但是缺乏媒體戰略可言，其實列辛指的是政府如何運用媒體來進行復甦俄羅斯國力的宣傳作用。由於俄羅斯傳媒法禁止新聞檢查與開放媒體經營者的政策鬆綁，在某種意義上等於放鬆政府對媒體直接政策指導與組織的功能，這讓列辛在執行在政府政策時有一種力不從心的感覺。對一部充滿西方自由與民主思想的傳媒法而言，政府機構與媒體人普遍存在對傳播自由的認知差距，這種認知差距造成雙方衝突不斷，這也成為西方國家關注俄羅斯民主進程的焦點。

當時在俄傳媒法賦予傳播自由的權利之下，在俄羅斯境內普遍存在著政府權威機關對媒體專業行為進行經濟與行政上的影響，甚至以各種行政和經濟的手段干涉媒體專業的採訪報導行為，這種干涉主要是建立在政府已經失去了對於媒體的控制權之後，政府與媒體之間的衝突陡然上升，當時俄羅斯杜馬一直在籌劃出臺第二部的傳媒法，俄羅斯政府高層希望通過法律來化解政府與記者之間的矛盾，但當普京執政期間第二部傳媒法出臺之後，俄羅斯高層發現政府與記者之間建立的潛規則似乎比新聞法規更為有效，由此可見，在社會的公民意識還沒有發展到一定程度時，新聞法基本不能發揮它基本的效力，然而，既然新聞法無法達到它基本的效力，那為何俄羅斯還要制訂新聞法，而且是還制訂了兩部，

作者在經過幾年的觀察之後發現，俄羅斯制訂新聞法的目的
主要是給歐洲各國看，作為歐洲的成員，俄羅斯的政策更多
的是關注歐洲國家的觀感與反映。

四、媒體報導與受眾取向方面：
市民的公共新聞是未來應發展的方向

　　俄羅斯傳媒發展轉型的過程取決於政府和媒體兩者之
間的相互制衡、相互角力或相互協作的互動關係，媒體人的
獨立性已經被培養出來，政府無法完全以長者的姿態駕馭媒
體，而必須以戰略夥伴的角色處之。也就是在二十一世紀，
俄羅斯政府與媒體之間的互動關係，更多地取決於相互之間
的溝通合作，但可以確定的是，普京政府已經成功地擁有相
對權威的優先發言權。

　　記者報導尺度和政府容忍範圍的互動關係，在普京執政
後又重新正在培養默契與逐步形成當中。目前俄羅斯媒體在
受政府以立法規範和司法介入的情形之下，政府對媒體角色
已經逐漸形成一種概念：自由主義與前蘇聯社會主義媒體都
強調媒體服務民眾與提供資訊的社會機制。但是兩者之間實
際上仍存在對「資訊接收者」認定的差異性。自由媒體強調
的民主責任是以社會大眾為依歸，媒體是民眾的喉舌，負責
傳達輿情與監督政府施政，因此政府、媒體、社會大眾三者
之間的關係是一種呈現接近資訊平衡的政治參與行為；而前
蘇聯社會主義的媒體則強調媒體作為黨與政府的宣傳機
器，擔任政府的喉舌，替政府監督、控制與引導社會輿論為

前提。經過十餘年的摸索期之後，俄羅斯政府是希望當權者能夠在自由主義和前蘇聯社會主義的結合機制中，扮演制高點的角色，媒體要成為俄羅斯在國際競爭中的先鋒隊與開路者，媒體的宣傳機制不可偏廢，俄羅斯還要保留一家國家電視臺，以維繫俄羅斯境內有一個資訊完整的資訊空間。從蘇聯過渡到俄羅斯政體轉變至今這段期間，記者角色從關心社會與黨的發展到協助政府穩定社會，再從協助政府穩定社會過渡到保衛俄羅斯的國家利益，最近俄羅斯媒體記者還肩負起反恐方面的任務。

俄羅斯媒體報導自由化與公眾化的初步實踐顯示，各級政府權威機關、媒體經營者與專業媒體人之間對於新聞自由的理解、傳播內容的取向以及採訪範圍的界定等都存在著一定的落差與鴻溝，媒體的所有者寡頭與所謂的媒體人在執行新聞自由的過程當中加入了過多的個人因素，這樣俄羅斯民眾看到的新聞自由，就成為犯罪新聞與為人事鬥爭需要的高官醜聞成為新聞的主角，甚至後來莫斯科還出版了以報導高官醜聞為主要內容的報紙，媒體的商業利益淩駕在社會的公共利益之上。公共事務的內涵在媒體報導方式娛樂化的處理之下沒有得到重視，媒體沒有扮演好聯繫的角色，疏離了社會成員對公眾事物的參與感和責任心。

俄羅斯新聞出版部長列辛就表示，我們希望頻道要專業化，節目要定位，以區隔與滿足各種受眾的資訊需求市場。傳媒法必須提供傳媒產業發展的健全法制環境，確定媒體在接受閱聽眾付費收視時提供最佳的視訊與內容服務。然而，由於傳媒法當中缺乏對媒體事業做出合理股份比例的限制

規定，這使得媒體市場變得相當不公平，政府和銀行家與企
業主成為媒體的所有者，小的媒體經營者沒有生存的空間，
媒體「公共領域」的「自由意見的市場」無法形成。轉型中
的俄羅斯傳媒法是一部充滿自由化理想的法律，它並沒有真
正使人民的自由意見得以完整體現，反倒是政治人物、媒體
精英與媒體寡頭意見最為集中體現與爭執的地方，傳播自由
使得這些人首先得到發言的話語權，並且讓他們影響著俄羅
斯政局發展的輿論走向。媒體在為政府服務與企業主服務之
間，為公眾服務的「市民公共新聞」是未來俄羅斯媒體與政
府都應該要致力關注發展的方向。

四 俄媒體政治功能轉型對社會穩定

的影響[23]

內容摘要：

　　在 1991 年蘇聯解體之後，俄羅斯傳媒進入轉型期，媒體的屬性職能與經營管理等型態，隨著政治體制的不斷轉軌與市場經濟的全面運作而產生了全方面的變化。這一媒體型態轉變過程是發生在葉利欽執政的時代，整個傳播體系的自由化與商業化是其中最為明顯的特徵。21 世紀初期，俄羅斯傳媒事業則跨入了普京執政的紀元，媒體發展相對蟄伏與穩定，而如何振興與協調媒體事業，被普京政府當局放在首要的議事日程當中。媒體經營者則希望拓展商業版圖與政治影響力。民眾則希望媒體是社會利益的表達者以及客觀資訊的提供者，使公民有參與監督政治運作的機會。

關鍵字：媒體轉型、公民社會、社會政治機構、政治功能、
　　　　社會穩定、社會輿論

一、媒體是一支社會政治機構

　　大眾傳播媒體被視為在俄羅斯政治體制轉軌過程中一

---

[23] 本文曾於 2005 年 6 月復旦大學在南寧舉辦的中國傳播學年會上發表。

個不可或缺的社會聯繫機制。俄羅斯著名政治學家安‧米格拉尼揚在《俄羅斯現代化與公民社會》[24]一書中就認為，任何國家的現代化進程都是與公民社會是否成型聯繫在一起，而公民社會的建構有賴於個人、社會和國家三者之間的有機互動，每個成員部分都有他們在建構公民社會中的功能角色，而大眾傳播媒體正是政治的對話者、資訊的傳播者與公民社會的組織者。

俄羅斯政治理論家伊爾欣（Ирхин Ю. В.）認為，任何政治體系中的社會關係都包含著政府權威部門的決策[25]。在俄羅斯政體轉軌的過程中，媒體的行為如同扮演一種政治機制，與國家新的政權結構和其他社會階層的傳播活動關係，形成一套結構複雜的政治傳播體系。俄羅斯社會傳播學者普羅霍羅夫（Прохоров Е. П.）也認為，媒體是一支社會政治機構，因為它可以協助人們完成其他的社會活動[26]。

普羅霍羅夫認為，媒體在集權的國家裏多是表達統治階層的意志，傳播活動缺少人文關懷的精神。而普羅霍羅夫把俄羅斯傳播體系分為三個部份面向大眾全體：公民媒體、國家社會媒體和國家媒體。公民社會機構和國家機關可同時加

24 【俄】安‧米格拉尼揚，《俄羅斯現代化與公民社會》，徐揆等譯，北京：新華出版社，2003年。（原文：Адраник Мигранян, Модернизация и Гражданское Общество России, 2002 ）。

25 Ирхин Ю. В.，《Политология》，М.:РУДН, 1996.стр. 228.（伊爾欣，《政治學》，莫斯科：俄羅斯友誼大學出版社，1996年，第228頁，作者譯註）

26 Прохоров Е. П. 《 Введение в теорию журналистики 》,М: РИП-холдинг,1998,с.73.（普羅霍羅夫，《新聞理論入門》，莫斯科：俄羅斯出版股份公司，1998年，第73頁。作者譯註）

入國家社會媒體的民族委員會，公民與公民組織利用公民媒
體影響選舉而參與或監督國家政權，三種媒體都向社會大眾
負責，如下圖所示[27]：

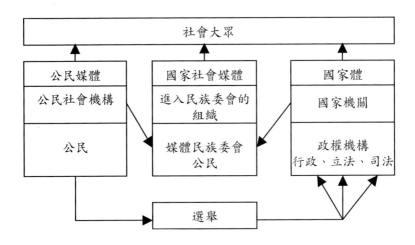

普羅霍羅夫主張的國家社會媒體是一種商業結合公共
形式的媒體型態，是他認為在現階段發揚俄羅斯民族文化最
佳的媒體型態，而公民媒體當中的公共服務制媒體，是莫大
新聞系主任扎蘇爾斯基致力倡議的方向與研究的重點，國家
媒體則是政府宣導政策與發布政府資訊的重要管道。公民媒
體是公民建立公民社會的溝通渠道。

公民社會是普京當政之後經常掛在嘴邊倡議的目標。公
民社會的提出，事實上是用來重建蘇聯意識型態崩解之後思

---

[27] Прохоров Е. П. 《 Введение в теорию журналистики 》 ,M:
РИП-холдинг,1998,c.75－77.（普羅霍羅夫,《新聞理論入門》，莫斯科：
俄羅斯出版股份公司，1998 年，第 75－77 頁。作者譯註）

想混亂的社會體系，它強調一種社會成員自覺、自動與獨立展現個人願望的能力。這裏不再強調蘇聯時代一種國家社會強制力加諸在個人自主意願表達思想與落實行為的身上。對此，莫斯科大學社會傳播學者費多多娃有所詮釋，她認為公民社會中的公民具有獨立思考的能力，並且瞭解在享受特定的權利與自由之際，必須對自己的行為承擔相對特定的責任。國家與個人相互對立的論點，是建立在國家會妨礙個人自主意願表達與落實的前提基礎之上。而權力本身應是一個憲政的管理體系，源於自由且平等的個體成員同意授予特定的行為方式。公民社會是公民在不依賴國家機構保障的情形之下，仍能夠實現個人的利益與需求的環境。[28]

二、俄媒體政治功能失調

90年代後期，俄政府的政治改革已經令民眾相當不滿。對於俄政權與媒體改革，俄民眾應該是體會最深的，我們由「社會輿論基金會」[29]進行的民意調查可以瞭解俄羅斯民眾

---

28 Федодова Л. Н. Массовая информация М.: МГУ, 1996, c.8–9. （費多多娃，《大眾資訊：生產戰略與使用方法》，1996年，第8–9頁。作者譯註）

29 俄羅斯的「社會輿論基金會」前身屬於「全蘇聯社會輿論研究中心」（後為「全俄羅斯社會輿論研究中心」，屬於俄羅斯政府勞動與社會發展部所有），1990年成立，1992年中心成為獨立研究性的俄羅斯社會輿論基金會，它主要的調查研究範圍是：焦點問題的電話調查；專訪國家和地方領導人；專項調查一般型寡頭團體的以及壟斷型的寡頭團體等等。基金會的研究專案主要受俄羅斯政府、企業單位委託（俄羅斯總統管理委員會、中央銀行、橋銀行、天然氣工業集團、伏爾加汽車集團、全俄羅斯國家電視廣播公司、獨立電視台、獨立衛星電視

的看法，發現民眾對東正教堂和媒體機構持正面多於負面的看法，而對國會立法機構與政黨持最為負面的看法，這顯示了民眾厭倦了政黨的惡鬥以及國會與總統對峙的亂象。這些民調結果的原貌都是定期呈給總統閱讀。

在俄羅斯政治體制轉軌中所帶來的社會震蕩，主要是由於國家和某些社會權力精英，將他們的利益凌駕在社會利益和個人利益之上，大眾傳播媒體成為少數上層利益團體的囊中物，媒體資源被赤裸裸地爭奪，政府政策不能有效出臺的亂象成為電視螢幕呈現給觀眾的視覺影像娛樂，而實際民生問題與媒體報導脫節，個人切身利益沒有得到上層的關心。

1.媒體沒有成為穩定社會情緒的平臺

蘇聯政治體制的極大缺陷來自於幾個方面：第一，權力機制的失衡，蘇聯政治在 1985 年戈巴契夫執政後進入快速轉形期，繼「重建」、「公開性」之後，他推出的「民主化」政策引入了選舉機制，首先對人民代表大會進行改革，這也埋下了日後府會雙重政權之爭。由於蘇聯晚期的政治機器缺乏有效的分權制衡機制，權力高度集中現象再加上缺乏社會的監督機制，導致了上層領導與民心背離，政治結構的嚴重失衡制約了俄羅斯現代化發展的進程速度，並且擴大了社會

台、魯克由石油集團、國際影視、國際文傳電訊社、俄羅斯新聞社、俄羅斯市場經濟委員會等等)。「社會輿論基金會」的主席為亞歷山大‧阿斯龍（Александр Ослон），畢業於俄羅斯圖拉大學。

29　Симонов. А. К. （1998）. Средства массовой информации, М.:Галерия, c. 135.（西門諾夫主編，《俄羅斯大眾傳播媒體》，莫斯科：文獻出版社，1998 年，第 135 頁。作者譯註）

各階層不滿情緒的鴻溝；第二，蘇聯的代表民主制度發展到
最後成為徒具形式的橡皮圖章，既不符合古希臘羅馬城邦所
倡議的直接民主，也不符合資本主義社會形成後所建立的代
議制度，公民意見在這裏沒有得到充分體現；第三，權力的
異化現象，公民社會強調權力來自於公民，政治機構是受委
託執行公民意見的地方，因此人民是社會國家的主人，而蘇
聯政治結構中產生國家官員從「人民公僕」變成「人民主人」
的權力異化現象，造成多數人的利益在少數人的利益把持中
隱沒。

　　當蘇聯的社會已經走到政治高度發展時期之際，政治權
力的更替與社會資源的分配沒有辦法在現有的體制中謀求
很好的解決時，處在中間階層的社會精英必然採取一種更為
激烈的手段，去打破現有體制的藩籬，此時，如果大眾傳媒
的聯繫功能夠得到適當的發揮，讓公眾有一個發揮意見的情
緒宣洩管道，促使各種意見能夠得到交流的機會，那麼，這
些人的積怨就不至於大到要去推翻一個龐大的政治機器，因
此傳媒平臺的建立是有助於社會情緒的穩定，傳媒社會功能
的不彰反而會導致人民的積怨像是潛伏在火山的內部深
層，一有突破口必然引起火山爆發，任何試圖限制傳媒公共
領域範圍的做法，只是加速社會成員為了自身利益去更激進
地尋找突破口。

2.媒體資源爭奪先於社會資源分配

　　那麼，蘇聯至俄羅斯轉軌時期對於開放傳播自由的活動
為何會造成俄羅斯社會如此地震盪呢？按照道理說，傳播自

由一直被西方國家當作民主進程的組成部分。早從西方國家的第一部印刷機出現之後，出版商無一不爭取擁有印刷執照與出版書籍的權利，以謀求大量出版書籍的豐厚利潤；而書籍作者無不希望能夠將自己意見的心血結晶，通過出版自由而得以面世問眾；此外在歐洲中世紀文藝複運動開始以後，大量書籍的出版又成為提升民眾教育程度的知識來源，以至於對於社會資源分配的政治權力問題，一直都是社會精英關注的焦點，因此報刊就成為社會精英到其他社會組織成員、甚至於是個人發表自由意見的地方，報刊成為社會輿論最有可能集中體現的地方。因此執政者相當害怕這些社會精英的批評意見，當局通常會選擇控制出版執照的手段，限制報刊的出版與發行數量，以避免反對報刊中可能出現的威脅言論。

俄羅斯在爭取傳播自由的過程中，經常遭受當局的各種限制是必然出現的現象，而傳播自由領域中所出現的社會震蕩，更多地來自於上層少數的利益集團赤裸裸地爭取媒體的經營權，而媒體的公共領域同時也成為政治鬥爭的前線戰場。這時，媒體對於政壇醜聞的曝光，也是有助於民眾瞭解到底是誰在剝奪社會的公器資源。但問題就出現在，當媒體特別關注這些政壇醜聞的同時，處於上層建築的政治精英們並沒有覺悟要為民眾的福祉著想，只想到要趕緊占據謀取資源的最佳位置。因此，社會在責怪媒體過度報導政治醜聞的同時，也要讓民眾對上層利益團體的勾結腐敗現象做出輿論的監督。因此，傳播活動若不能得到一定程度的政策鬆綁，那麼民眾的「知情」權利以及「接近使用媒體」資源的權利

何以體現？民眾的社會輿論監督將只是一場尚未實現的夢想。俄羅斯傳播學者普羅霍羅夫就認為，媒體的自由權利必須與它所承擔的社會責任成正比，要不然媒體就會成為有權無責的特權階級，社會的混亂就會因此而產生。

3.媒體自由意見市場沒有發展形成

俄羅斯媒體報導自由化與公眾化的初步實踐顯示，各級政府權威機關、媒體經營者與專業媒體人之間對於新聞自由的理解、傳播內容的取向以及採訪範圍的界定等都存在著一定的落差與鴻溝，媒體寡頭與媒體人在執行新聞自由的過程當中加入了過多的戲劇因素，這樣俄羅斯民眾看到的新聞自由就成為犯罪新聞與為人事鬥爭需要的高官醜聞變成新聞報導的主角，甚至後來莫斯科還出版了以報導高官醜聞為主要內容的報紙，此時媒體的商業利益已凌駕在社會的公共利益之上。公共事務的內涵在媒體報導方式娛樂化的處理之下沒有得到重視，媒體沒有扮演好聯繫的角色，疏離了社會成員對公眾事物的參與感和責任心。

然而，由於在 20 世紀的 90 年代，俄羅斯傳媒法當中缺乏對媒體事業做出合理股份比例分配的限制規定，這使得媒體市場變得相當不公平。政府、銀行家與企業主成為媒體的所有者，小的媒體經營者沒有生存的空間，媒體「公共領域」的「自由意見市場」無法形成。轉型中的俄羅斯傳媒法是一部充滿自由理想的法律，它並沒有真正使人民的自由意見得以完整體現。媒體反倒是政治人物、媒體精英與媒體寡頭意見最為集中體現與爭執的地方，傳播自由使得這些人首先得

到發言的話語權，並且讓他們影響著俄羅斯政局發展的輿論走向。媒體在為政府服務與企業主服務之間，為公眾服務的「市民公共新聞」在前兩者之間隱沒。

三、民眾對社會政治機構的信任度偏低

「社會輿論基金會」（ФOM）於 1996 年成為總統葉利欽競選連任選舉總部的民意調查基地。此後總統府就成為該基金會的最重要客戶。「社會輿論基金會」所做的民調都直接呈到總統面前，成為葉利欽總統以至於後來的普京總統隨時瞭解民意動向與制定政策的重要參考依據。俄總統府想要知道真正公正的調查，而不是經過刻意修飾過的民意調查，因此，「社會輿論基金會」就成為國家所有「全俄羅斯社會輿論研究中心」（ВЦИОМ）以外最重要的民調機構，扮演社會輿情直接上達總統的最重要橋梁之一。[30]

1997 年是俄羅斯金融風暴的前一年，金融媒體寡頭正在擴展自身媒體的勢力範圍，尚未感受到政府的管制。「社會輿論基金會」於 1997 年針對涵蓋全國 98.15% 地區、1456 名 18 歲以上受訪者進行的民意調查，讓民眾回答三個問題：俄羅斯哪些社會、政治機構需要改進？它們對民眾生活有那些正面或負面影響？調查結果如下：

---

[30]　http://www.fom.ru/about/17.html.

社會政治機構	需要改進	正面影響	負面影響	正面、負面 影響差
軍隊	50	11	5	＋6
總統	43	18	17	＋1
檢調機關	42	12	11	＋1
政府	41	12	17	－5
東正教堂	33	26	3	＋23
司法機關	28	7	8	－1
大眾媒體	27	21	10	＋11
國家杜馬	23	9	25	－16
工會	18	6	6	0
聯邦議會	14	4	8	－4
權利保護組織	13	7	2	＋5
利益集團	11	7	3	＋4
政黨與黨團	4	4	17	－13

調查結果表示，民眾認為東正教堂對生活最有正面影響
（＋23％），其次是大眾媒體對民眾生活產生較為正面的影
響（＋11％）；而國家政權却是對民眾生活產生較為負面的
影響：下議院的國家杜馬（－16％），政黨與黨團（－13％），
政府（－5％），上議院的聯邦議會（－4％），司法機關（－
1％），而其中民眾對立法機構的議會（杜馬）最不滿意。
有此可知，即使民眾對行政、立法、司法的表現不滿意，但
對媒體的表現還是持較為正面的態度。它也體現出媒體在自
由民主進程中與民眾的互動較為積極與正面。而民眾最信任
東正教，因此，不論葉利欽或是普京都經常上教堂，並且與
俄羅斯東正教教皇阿列克謝二世保持良好的互動。在任何重
大災難發生時，阿列克謝二世都會出來支援總統的決策，鼓

勵社會大眾與政府協手共度難關。因此，這份民調顯示宗教與媒體是最受俄羅斯民眾最信任的兩個社會政治機構。總統必須注意這個現象，以符合社會大眾的期望。

其次，「社會輿論基金會」針對民眾對新聞媒體職責所做的民意調查，結果如表二（％）：

提供國內外熱點和情勢的資訊	70.7
擴展閱聽眾視野，提供新知識	30.3
表達民眾輿論和情緒	27.1
教育民眾和培養守法公民	15.7
提供休閒娛樂的工具	15
促使民眾參與國家社會活動	12.9
欣賞世界文學藝術，培養道德情操	12.1
鼓動工具，塑造政治立場	10.4
其他	1.5
很難回答	8.1
不知道	0.2

從表（二）可知，民眾對俄羅斯時期大眾媒體扮演提供資訊的角色認同性最高（70.7%），而在蘇聯時期媒體是共產黨「宣傳員」、「鼓動員」和「組織者」的角色在俄羅斯時期已變為10.4%，也可見媒體職能與角色的轉變，對民眾生活有較為正面影響。民眾期待媒體能夠客觀、公眾提供資訊，這樣民眾的政治參與機會才能夠有效落實。國家政府則希望媒體能夠發揮教育公民和培養守法公民的功能。媒體經營者則將重點放在提供休閒娛樂的作用上，以期開拓更大的市場版快。

　　另外，「社會輿論基金會」針對民眾對記者形象所做的
民意調查，結果如表（三）（％）[31]：

社會利益表達者	37.2
生活觀察者，消息提供者	33.2
醜聞的揭露者	27.5
政權或權勢者的先鋒	14.6
輿論塑造者	14.1
教育者	11.4
民主與正義的捍衛者，	11.1
文章兜售者	7.4
其他	0.8
很難回答	14.2
不知道	0.3

　　基本上，約有 60％以上的受訪者認為，記者在蘇聯解
體之後已經開始扮演正面積極的角色（社會利益表達者、社
會觀察者和消息提供者、教育者、民主與正義的捍衛者等
等）。在 1998 年金融危機前，社會調查仍顯示民眾對大眾
媒體角色在轉型過程中持肯定的態度。媒體在大眾社會生活
中所占據的位置，較其他政府機關的政治機構扮演正面積極
的角色，媒體是民眾藉以獲得有關世界資訊的消息提供者，
它們同時發揮了大眾媒介傳遞資訊（70.7％）、拓展視野
（30.3％）、反應輿情（27.1％）、社會教育（15.7％）、娛
樂休閑（15％）、政治參與（12.9％）、社會價值（12.1％）、

31　Симонов. А. К.,《Средства массовой информации》, М.:Галерия,1998,
　　c. 162.（西門諾夫主編,《俄羅斯大眾傳播媒體與司法單位》,莫斯科：
　　文獻出版社，1998 年，第 135 頁。作者譯註）

鼓動宣傳（10.4%）等社會功能，它們是民眾形成關於當前
社會知識以及尋求解決辦法的泉源。

90 年代，俄羅斯媒體經歷轉型，在 1998 年金融危機前，
媒體本身獲得了擴張的機會。從媒體功能屬性來說，俄羅斯
媒體比前蘇聯時期更注重表達社會利益、提供最新消息、揭
露社會與政治弊端，因此民眾仍認為媒體的正面功能要多於
它的負面功能。然而，即使是如此，我們仍不能忽略俄羅斯
媒體在轉型期間所具有缺失，包括：媒體報導關注上層政治
鬥爭與揭醜勝過社會問題的探討；媒體寡頭、金融工業集
團、政府之間更加在意媒體所有權的爭奪；而媒體的自由意
見市場經常是媒體所有者與政治人物影響社會輿論和選民
政治態度的發言平臺。這些媒體的政治亂象在普京上任之後
逐漸受到限制，民意逐漸轉向要求媒體必須要為新聞自由付
出代價，包括贊成政府施行某些新聞檢查。

「俄羅斯社會輿論與市場調查——資訊監測公司」
（РОМИР）[32]總經理米列辛（Андрей Милехин）表示，根
據該公司的民調顯示，71%的俄羅斯公民和41%的記者支援
對媒體進行某些新聞檢查。前者調查結果是在2003 年與2004
年初針對全俄地區 1500 名受訪者而來，後者是根據俄記協據

---

[32] 成立於 80 年代末 90 年年代初，2002 年與資訊監測研究中心合併，成
為最大俄羅斯私營的研究調查機構，是國際蓋洛普公司在俄羅斯的分
會代表。公司的合作夥伴尚包括：WAPOR , ESOMAR, Field Facts
International, Harris Research International, INRA, InterMedia, Millward
Brown, MORI, NOP, Pegram Walters International, PTT, Research
International, Roper Starch Worldwide, SIAR International, Sociovision,
SRG, Taylor Nelson/Sofres.

舉辦的「2004 年全俄論壇」225 名與會記者所做的問卷統計
結果。與此同時，42%的公民與 78%的記者擔心，俄羅斯媒
體缺乏新聞自由，因此反對政治方面的新聞箝制。在「俄羅
斯社會輿論與市場調查公司——資訊監測」的新聞發布會
上，該公司回答《新聞時報》的提問時解釋：首先指的是倫
理道德層面上的過濾，以保護大眾資訊使用者免於受到污
穢、色情、暴力的干擾。[33]

四、公民利用媒體可達參政目的

俄羅斯傳播體系的轉軌在俄羅斯歷史進程中，對整個社
會具有重大的意義與影響。俄羅斯莫斯科國立大學新聞系教
授施匡金（Шкондин М.В）認為，由社會各個成員組成的資
訊關係形成了一個統一整體的資訊空間體系，作為傳輸系統
聯繫社會各成員關係的媒體應該具有以下幾項任務：第一，
媒體應該符合社會各成員對於各種資訊的需求，並且敦促他
們積極參與社會生活各個領域的活動過程；第二，客觀且全
面地反映社會生活的發展與現狀；第三，搜集、生產、傳播
的資訊必須與社會的發展脉動相互呼應；第四，吸引原創力
量，建立符合社會進程的社會價值，豐富社會精神；第五，
使用現代化的資訊傳播科技推動大眾資訊進程；第六，確
保落實發揮媒體的多項功能，以配合社會成員資訊需求的
增長[34]。

---

[33]　http://lenta.ru/russia/2004/07/28/censor/.

[34]　Шкондин М.В. 《Система средств массовой информации》, М.:МГУ,

　　普羅霍羅夫認為，賦予記者的自由空間越大，記者所要承擔的社會責任也越大，權力運用和責任擁有是成正比的關係。記者的責任具有客觀與主觀的兩面性規律：客觀性規律來自於外在法律環境對記者活動的規範與要求；主觀性規律來自於記者本身對於工作的理解和準備程度[35]。在建構一體化資訊公開自由的環境中，媒體對公眾關心事務的報導，也因此扮演著監督政府機關運作的社會公器機制，俄羅斯媒體人也以積極推動整個社會向公民社會邁進為職業的崇高使命。

　　普羅霍羅夫同時認為，政府與媒體的互動關係在傳播活動中占據關鍵地位，他認為俄政府在決定媒體經濟活動的可性性範圍中扮演關鍵角色，包括政府制定的稅收政策、傳播活動所需設備材料的優惠稅率政策、運輸與交通的便捷服務、政府廣告投放的分配等等[36]。由此可見，俄羅斯媒體寡頭的崛起和衰弱，都與政府對媒體經濟活動的支援程度有關。例如，俄羅斯稅務警察就曾經在 2000 年 5 月時進入「橋媒體」集團查帳，並以偷稅、漏稅為由起訴該集團總裁古辛斯基，橋媒體財務因此陷入危機，而國營天然氣工業集團則兼並該集團，使得俄羅斯最大的商業媒體集團再度國家化，

1999. стр5～6.．（施匡金（1999）。《大眾傳播媒體》，莫斯科：莫斯科國立大學，1999 年，第 5－6 頁。作者譯註）

[35]　Прохоров Е. П. 《 Введение в теорию журналистики 》,М: РИП-холдинг,1998,c.281.（普羅霍羅夫，《新聞理論入門》，莫斯科：俄羅斯出版股份公司，1998 年，第 281 頁。作者譯註）

[36]　Прохоров Е. П. 《 Введение в теорию журналистики 》,М: РИП-холдинг,1998,c.130.（普羅霍羅夫，《新聞理論入門》，莫斯科：俄羅斯出版股份公司，1998 年，第 130 頁。作者譯註）

國家政府與國營能源企業成為媒體的資金大戶。關於俄政府
兼並媒體的舉措，曾經引起西方國家的高層與俄自由派媒體
人強烈批評與抗議，理由是俄政府干涉新聞自由，違背民主
原則。當時普京曾回應說，俄羅斯寡頭是俄羅斯經濟的侵吞
者，政府有責任讓媒體真正為社會服務，而不是為兩三個錢
袋子服務。這被俄羅斯自由派媒體人視為政府推動媒體國家
化的開始。

　　如果按照普羅霍羅夫把俄羅斯傳播體系分為三個部份
面向大眾全體的體系觀點：公民媒體、國家社會媒體和國家
媒體構成傳播體系的聯繫樞紐。參與公民媒體的公民社會機
構和參與國家媒體的國家機關，可以同時加入國家社會媒體
的民族委員會參與運作，這種媒體的經營管理與英國公共服
務制接近。[37]公民與公民組織利用公民媒體影響選舉，以達
到參與或監督國家政權的政治目的。三種媒體都同時向社會
大眾負責。那麼，俄羅斯媒體的國家化進程將來成功與否，
仍將取決於它是否過分排擠公民媒體和國家社會媒體的活
動空間，以及社會大眾的接受程度為何。就如同普羅霍羅夫
所認為的，媒體是一支社會政治機構，因為它可以協助人們

---

[37] 俄羅斯社會電視台的結構最為接近國家社會電視台，有時社會電視台
會被翻譯成公共電視台，但事實上，社會電視台的股權是國家政府機
關持51%，另外49%股權由民間機構與金融工業集團等企業所同持有，
是國商合營的電視公司，不是嚴格意義上的公共電視台。因此，普京
上臺執政之後，認為社會電視台名不正、言不順，混淆社混視聽，並
且財務危機嚴重，2002年，決定更名為第一頻道電視台。政府還有機
會繼續釋出第一頻道電視台的手中股份，以緩解第一頻道電視台的財
務危機狀況。

完成其他的社會活動。單一化的媒體在集權的國家裏多是表達統治階層的意志。如果俄羅斯媒體國家化未能夠解決公民的實質問題，那麼，國家媒體擴大發展的結果是，傳播活動的統治意志將有可能排擠公眾意志，社會關係將進入一種情緒累積期，等待下一個爆發的出口點。

政治傳播
與新聞體制

五 俄公視發展前景和困境[38]

　　俄羅斯電視產業在轉型過程中遭遇困難，電視公共化的目標一時之間也無法完成。俄羅斯政府目前仍會堅持保留一個全聯邦的國家電視臺，由全俄羅斯國家電視廣播公司集團負責管理境內國營與商營的廣電媒體事業，以期對內維護中央與地方資訊一體化與完整性的整合空間，對外可保持中央政府政策處於一個有利於國家利益輿論導向的制高點，政府成為市場競爭中的參與者與調控者。有鑒於俄羅斯欠缺傳媒事業發展所需的資金，電視公共化一時還無法達成，目前俄羅斯政府將會促使國商合營的社會電視臺（第一電視臺）私有化，並且減少地方媒體對政府的依賴程度。現在政府要做的努力就是積極致力於發展媒體生存所需的經濟基礎，第一步就是要讓傳播體系法制化，例如要規範傳媒證照的發放，減少廣告市場效益的分散，以及規劃頻道使用的專業化，以期滿足受眾接受各種意見與資訊的知情權利。

一、歐洲公共電視受到挑戰

　　自從在第二次世界大戰後，歐洲已經面臨了媒體與政權關係的再定位問題，因此，放鬆或管制——市場自由論

---

[38] 本文曾於 2004 年 4 月中國新聞史學會年會暨全國新聞傳播史教學學術研討會上發表。本文內容有所修改。

（market liberalism）與公共管理說（public regulation）成為二戰後媒體在實務上觸及的問題。就歐洲自由主義以論的傳統或美國發展出來的社會責任媒體理論而言，大眾傳播媒介必須是社會的公器，應為公眾所有，且應以為公共利益服務而為目的。大眾傳播媒介不只不應受到國家機器的控制，同時媒體的所有權也不應該集中在少數人或企業集團的手中，然而英國傳播政治學者 Ralph Negrine 認為，但今天的問題是，不僅媒體所有權集中化的趨勢已經是不可抹煞的事實，而且大多數媒體都有其政治立場，這個現象連同經濟與其他壓力，使我們認為一般媒體不會自動負起對社會的責任和義務，除非它們受到牽制而不得不然。[39]換言之，傳媒的公共性受到嚴重的威脅，歐洲的公共電視體制受到商業化的空前挑戰。

　　媒體國家化或商業化都有致命的缺點，因為服務公眾的理念在服務政府或服務企業主之間經常被忽略掉了，導致了公眾利益在國家利益與企業利益面前黯淡無光。二戰後，歐洲國家機器對媒體工作的政治利益產生的影響有二：第一，國家機器掌握了行政資訊，媒體往往無法自動取得這些資訊，這妨礙了公眾資訊的流通；第二，行政系統企圖統籌資訊策略，對不利於政府的資訊加以反駁，政府與行政官員是有目的、有計劃地主導輿論方向。這樣一來，如果國家機器操弄的是違法的事件，公共事務資訊的壟斷將不利於真相的

---

[39]　蔡明燁譯，《媒體與政治》，臺北市：木棉，（原書 Ralph Negrine ,Politics and the mass media in Britain. London: Routledge,1974.），2001 年， 第 36－40 頁。

昭示與人民的判斷。此外,在媒體協助政治社會成型的過程之中,獲得企業傳播自由的媒體經常會為了商業利益而凌駕於媒體被期望承擔的社會責任之上,就如同約翰‧金恩(John Keane)指出:「報業自由的呼聲,始終是現代民主革命的一個重要方向,促使我們在歐美的現代國家中,尋找一種世俗都更能接受的新的民主方式。[40]……傳播自由與市場無限制之自由間,有結構上的矛盾,……市場自由論所篤信的是個體在意見市場中做選擇的自由,事實上却成為企業言論受到優惠的待遇,以及投資者而非市民獲得更多選擇的最佳藉口。」

因此,公眾利益在政府機器強調的國家利益或財團壟斷市場所謀求的商業利益之間,並沒有取得一個平衡的位置。歐洲所建立的公共電視被視為介於國家電視和商業電視之間的一種最能夠代表公眾利益的媒體經營體制,但是媒體機構為了使受眾能夠有更好的收視服務,必然會在提升產業技術水平的過程當中,面臨資金來源匱乏的最大難題。此時媒體不是選擇進一步擴大組織經營的商業化範圍,要不然就是向政府伸手要更多的預算補貼,或者再考慮提高受眾支付收視的所有費用,這時受眾會希望要求製作更優質的節目。而傳播學者經常發現,三者之間的平衡點通常處於失焦狀態,因為媒體與政府各自掌握話語權的優勢,而公眾接近與使用媒體的權利却缺乏完整法律的保障,有時候縱然有法律的規範,但是為了避免媒體的寒蟬效應,政府又不能過多強制媒體行為,客觀的現實環境是:媒體的所有權者、經營管理者

---

[40] Keane, J.(1991). The Media and Democracy, Polity Press, Oxford, p.23.

與編輯記者仍掌握媒體公共空間分配的同意權，公眾還是需要政府的主動立法協助，才有機會參與社會的公共事務，那麼，一種民主政治所追求的公民社會才有可能建立成型。

　　歐洲國家相繼在七十年代以後逐步放寬公共電視機構或傳播體系進行商業化改革，政府機器在面對傳媒機構與市場環境商業化的情形之下，主要是以建立市場公平競爭機制的宏觀調控者自居。八十年代以降，各國議會和學者都大聲疾呼政策鬆綁（deregulation）、私有化（privatization）和去中央化（decetralization），國家機器縮手之後，取而代之的是財團涉入媒體的跨國界大集團（conglomerate），這種現象被 Mosco 稱為空間化（spactialization）。國家機器在面對空間化趨勢，一方面棄守市場干預的角色放手讓國營企業民營化的同時，另一方面則改以建立市場公平競爭游戲規則的制訂者自居，最後甚至只得鼓勵跨國企業，藉以策略聯盟以為國家謀取最大利益[41]。Ralph Negrine 認為，所有權集中化是全球化媒介生態在二十世紀末的發展趨勢，它帶來一連串政治、經濟和傳播之間錯綜複雜的新權力關係，不論是透過垂直整合與水平整合成為資本集中、權力集中的巨大跨國企業，形成傳播事業、影視工業和電訊傳播工業的全球集團化趨勢。[42]

　　俄羅斯傳媒也加入了這一波傳媒改革開放的浪潮。在蘇聯解體後的俄羅斯，媒體的發展基本上經歷了一段從無序到

---

[41]　林東泰，《大眾傳播理論》，臺北：師大書苑，1999 年，第 489－491 頁。

[42]　同上，第 483－484 頁。

有序,從傳媒銀行化、金融工業集團寡頭化到國家化與專業化的幾個階段。關於媒體與政權的關係,司帕爾克斯(Sparks)與李丁(Reading)在《傳播、資本與大眾媒體》一書中寫到,大眾傳播體系的自由程度取決於權力的分配,蘇聯模式政經一體化的機制讓媒體自由意見消失,而不論是在俄羅斯或是美國,傳媒總是表達某些利益團體的聲音,但是總體而言,商業性媒體還是比蘇聯宣傳機器要多元化,因為在資本主義社會權力中心的數量正在增加,不過媒體多少都是傾向站在自己的領域立場來進行輿論導向[43]。不過,當前的普京政府却認為,國家電視臺比商業電視臺更能保證一個多元言論的空間,國家電視臺不需要被商業利益所左右,但是普京也面臨著如何進一步發展好俄羅斯的國家廣播電視事業。

二、俄中央仍堅持保留一個國家電視臺

俄羅斯媒體自由化理念在葉利欽執政時期得到實踐,傳媒法是保障大眾傳播自由的標誌。葉利欽時代制訂的傳媒法有其時代的背景與歷史的因素,俄羅斯政府當初完全開放媒體市場,主要是希望刺激媒體產業市場的快速活絡與成長,結果幾年內便造成了金融寡頭壟斷媒體市場,與外資介入過多而操控媒體意識形態的後果。當時葉利欽自然想先市場化,再考慮意識形態的問題,不過,俄羅斯經過十年媒介自由市場的實踐之後,借著 1998 年金融風暴導致私有企業資

---

[43] Sparks C. and Reading A.（1998）. Communication, Capitalism and the Mass Media, London: Sage, pp.21－28.

本萎縮之際,再加上俄羅斯車臣分裂勢力的高漲,俄羅斯當局才決定該是政府整頓收網的時機了,並逐步擴大對媒體管理加強的舉措。當然這也直接造成政府財政再度無法因應傳媒產業高速發展的資本需求,同時,政府還想保留媒體政治上的宣傳功能,在未來還要在俄羅斯國家電視臺的基礎上,逐步落實電視公共化的構想,當然,在俄羅斯經濟體質孱弱與籌措資金困難的情況之下,離電視公共化這個理想還有很長的路要走。當前在俄羅斯如此政治、經濟複雜的情形下,新聞出版部才會有只保留一家國家電視臺,而私有化國商合營的社會電視臺的構想。

　　國家媒體在市場經濟與政府宣傳之間的角色是普京當局的難題。普京處理媒體資金與操弄選舉的手段常被西方媒體詬病為「不民主」與「專制」的行為。2002 年,俄羅斯「團結黨」議員、國家議會下院杜馬的資訊政策委員會的「記者與媒體保護專門委員會」委員代表科瓦連科(Павел Коваленко)認為,「俄羅斯國家電視公司」(РТР)私有化未必是可行的[44]。科瓦連科主要是回應新聞出版部長列辛(Михаил Лесин)表示未來不排除國營媒體私有化的可能性。這句話出自俄最大黨團的媒體專門委員會代表之口,多少可以透露出普京當局對國營媒體發展,陷入兩難膠著狀態的情況。

---

[44] Иван Родин,ОДИН ГОСУДАРСТВЕННЫЙ ТЕЛЕКАНАЛ В СТРАНЕ ОСТАНЕТСЯ . Независимая газета, 26.04.02 г. http://www.ruj.ru/index_74.htm(羅金,〈只需留一個國家電視頻道在國內〉,《獨立報》,2002 年 4 月 26 日。)

三、股權比例分散原則解除寡頭產生癮患

不過根據科瓦連科在接受《獨立報》（НГ）記者羅金專訪中的說法，可以確定的是，俄羅斯必須保留一個聯邦中央級的國營電視臺，可以鼓勵政府釋出官商合營的社會電視臺（第一電視臺）所有股權，以及釋放地區性國營電視臺的經營管理權，但是仍必須繼續由全俄羅斯國家電視廣播公司集團（ВГТРК）對地區發射台與技術設備資源進行控制，並且對地方國家電視臺實行政府預算分配和財務監督，以減少政府整體財政上的負擔，增加地區性國營電視臺在市場經營中的競爭性，並且維護國家政策公布施行的資訊完整性與空間一體化。

科瓦連科認為，列辛私有化的看法其來有自，因為全俄羅斯國家電視廣播公司集團（ВГТРК）受政府預算支撐的資金不夠用，光是 2002 年全俄羅斯國家電視廣播公司集團對地區國家廣電公司就撥出了 9 千萬美元的政府預算，這些單位已經為國家帶來嚴重的財政負擔。所以國家電視臺必須不斷積極拓展廣告的業務量，並與其他非國營電視頻道對現有的廣告市場進行激烈競爭。科瓦連科又說到，現在社會電視臺（ОРТ）國商控股的法人結構相當不正常，目前財務狀況也是債臺高築，連國家最大的銀行聯邦儲蓄銀行都拒絕繼續借貸給社會電視臺。總之，俄羅斯國營電視臺面臨了財務上的困境[45]。

---

[45]　同上。

　　顯然，科瓦連科與列辛已經道出了普京當局想保留國營
電視臺的實力產生了難題，未來要如何在驅逐媒體寡頭之後
能再夠強化俄羅斯國營媒體的體質呢？

　　科瓦連科認為，列辛部長表示不排除用私有化來解決國
營廣電集團──全俄廣電公司與俄國家電視臺以及國營廣
電事業公司──社會電視臺的財務危磯的處理可以分開。也
就是僅保留俄羅斯國家電視臺一家國營電視在國內，可主張
對社會電視臺產權結構完全民營化，政府可主動釋出社會電
視臺（第一電視臺）手中 51%的股權，讓現有國商合營控股
的局面瓦解，但最好參照第六電視臺小股東共營的經營結
構，同時建議由新聞出版部主導進行各種專門節目的招標工
作，讓國家電視臺與其他電視臺一起對節目訂購同台競標。
現在是俄羅斯唯一公共電視的文化電視臺則被認為太費
錢，經營成本太高，而將來應該讓出頻波，再打造一個俄羅
斯聯邦級的商業電視臺。[46]文化電視臺的財務瓶頸從該台與
國際影視公司的簽約消息傳出，對此全俄羅斯國家電視廣播
公司總裁杜伯羅杰夫（Добродеев）提到，文化電視臺未來
會考慮在節目之間播出廣告，他說：我希望俄羅斯民族的芭
蕾、歌劇和戲劇能夠在文化頻道上天天播出[47]。

　　如此一來，不但社會電視臺完全商業化可以減少政府財
政支出，並且形成如同第六電視臺由「股權比例分散」的小

---

[46] 同上。

[47] Инга Угольникова, Нина Нечаева, "Друг государства", Итоги, No48,
2003.4.2.（烏格爾尼可娃，尼恰耶娃，《國家的朋友》，《總結》周刊，
2003 年 4 月 2 日，第 48 期。）

股東合營的情況，政府也不必擔心害怕金融寡頭壟斷媒體市場的情形出現，同時可以解決該電視臺負債過多的經營問題。不過，目前俄羅斯傳媒法仍存在對經營權規範的法律空白，因為政府若反對單一商業集團壟斷股權，就必須彌補傳媒法當中缺乏對股權經營壟斷問題規範的漏洞，必須修補傳媒法，促使傳媒體系更進一步法制化。

四、俄政府規劃未來傳媒發展方向

2003 年 1 月，由「互動新聞」（Интерньюс）媒體研究組織在莫斯科舉辦了一場「成功邏輯之二」的傳媒研究高峰論壇，其中最引人注目的一名出席者就是新聞出版部長列辛（Михаил Лесин），根據他的發言，在俄羅斯境內的傳播活動中存在了一些有待解決的問題，政府基本上對傳媒產業的發展將會在傳媒法中做出明確的規定。[48]作者基本上將其劃分為三個方向。

（一）規範傳媒證照的發放

列辛認為近年來俄羅斯媒體發展形成史可以分為幾個進程，第一個傳媒發展階段的特徵在於自由化，政府在這個媒體發展的過程中並沒有什麼媒體戰略可言，除了一部象徵新聞傳播自由的俄羅斯聯邦傳播媒體法的頒布施行。而現在

---

[48] Государство уходит с рынка СМИ, Телевидение и радиовещание, №1（29）январь-февраль 2003（〈國家來會走出媒體市場〉《電視與廣播雙月刊》2003 年第一期。）

政府要做的努力就是積極致力於發展媒體生存所需的經濟基礎，對此俄政政府與議會制訂傳媒發展所需的相應法規。

目前俄羅斯尚未形成媒體有效利潤的市場經濟環境，因此政政府與議會以限制證照發放的方式，遏止媒體快速的成長。俄羅斯目前已經登記註冊了 3 萬 7 千多個印刷媒體，許多地區電視公司 90% 的股權都轉讓出去，讓企業持股或者受控於地方政府機關，這個現象在地方上很普遍。鑒於缺乏競爭力的媒體只會倒閉，因為這是市場的必然規律，受眾有自己的節目選擇權，估計再過 5－7 年缺乏競爭力的媒體會自動消失離開市場，但是政府不宜介入媒體內部的專業化管理，也不宜制訂出限制媒體發展的政策，所以，政府認為只又在證照發放的技術層面做出限制，避免過多缺發競爭性的媒體瓜分了有限的廣告市場，或者占用有限的頻波資源。俄羅斯媒體的另一收入就是廣告，當然廣告經常會觸怒觀眾，因為干擾了他們完整連續接收資訊時的情緒。不過在俄羅斯經濟條件尚未完全改善時，廣告的收入還是對媒體收入有益的補充。

頻波資源在有限的情況之下，限制頻道使用執照的發放可以避免多頻道節目同質化的現象。此外，有線廣播電視的證照發放情形並不太成功，主要是互動式網路的鋪設沒有整頓完善。未來「傳媒法」會對系統經營者與節目頻道供應者對頻波資源的使用做出具體規範。將來會縮短籌設許可證與經營播放許可證之間發放的時間差，這裏必須由通訊部與新聞出版部之間共同協調負責。

（二）減少地方媒體對政府的依賴

　　政府的立場就是要作為遵守市場游戲規則的競賽者，在未來要逐步離開媒體市場，減少對媒體市場運作的直接干預，而以市場整頓者與政策宏觀調控者的身分，建構俄羅斯良好的媒體發展市場與投資環境，以期媒體不僅要發揮社會性功能，還要發揮創造市場產品效益的媒體經濟功能。因此「新聞出版部媒體產業委員會」正在研擬「傳媒法」的修正版本，以期解決傳媒法在中央與地方規定的衝突性，並且改善資訊傳播上的斷層與地方媒體產業的違法現象。

　　政府還要減少傳媒對政府補助的依賴性，尤其是地方政府。地方政府通常控制著地方媒體的所有權或是新聞發布權，地方政政府與議會優先給予補助特定政府機關的媒體，或與特定商業媒體簽訂新聞供給的合約，使親政府的媒體享有政府獨家消息來源的權威性，這樣媒體之間就處於一種不公平的市場競爭環境，不利於媒體產業的升級與民眾的資訊需求。地方政府借著讓特定媒體享有政府補助優先權與新發布權，來控制新聞輿論。這樣一來，媒體就缺乏了政治與經濟的獨立性，長期的依賴性與媒體的機關化，導致地方型媒體不但不懂得市場競爭機制，造成經濟效益低、政府支出多，以及媒體工作人員形成被動、缺乏創造冒險精神、吃大鍋飯的情形。地方政府只曉得讓媒體扮演傳聲筒，媒體沒有辦法發揮替民眾監督政府政策的第四權功能，喪失了媒體事業的社會功能，也無法發揮經濟功能，這樣的媒介環境是不符合俄羅斯全民利益的。

（三）規劃專業性頻道

　　為媒體產業創造環境必須改善傳媒技術與設備，互動式的傳播環境取代單向直播，是俄羅斯未來 50 年內必須全面達到的目標。列辛表示，我們希望頻道要專業化，節目要定位，以區隔與滿足各種受眾的資訊需求市場。傳媒法必須提供傳媒產業發展的健全法制環境，確定媒體在接受閱聽眾付費收視時提供最佳的視訊與內容服務。

　　電視公共化是俄羅斯未來的理想，現在還沒有經濟實力可以完成，因為一年政府至少預算要編列投入 3 億 5 千萬美元，平均每天花費 1 百萬美元。況且目前聯邦政府不願意把全俄羅斯國家電視集團直接公共化，若要另外建立一個全國性質的完全公共電視臺，至少要 10 億美元，也要同時增加發射傳輸的裝置，目前俄政府沒有籌措資金的來源。

（四）加強全俄羅斯電視廣播公司統籌能力

　　全俄羅斯廣播電視公司集團是俄中央管理廣電事業的領導單位，目前把地方國家廣播電視公司納入全俄羅斯廣播電視公司集團（ВГТРК），主要為了控制地方廣播電視公司，防止其不會有預算外的額外支出從事私人商業性目的的活動，政府的補助在媒體改革的轉型期間，又必須要提升地方國家廣播電視滿足地方受眾資訊需求的社會性功能。1998至 1999 年之間，加強全俄羅斯電視廣播公司集團在全俄境內技術資源與預算分配的統籌功能，就是為了適應俄羅斯政治經濟發展所建構的特殊產物。全俄羅斯廣播電視公司集團是唯一由政府預算長期固定支出的國有國營公司，集團旗下

包括全國收視與收聽的俄羅斯國家電視臺、文化電視臺（沒有商業廣告）、俄羅斯廣播電臺、燈塔廣播電臺。

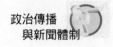

六　俄媒體、民眾與政府在社會轉軌中的互動特點

　　大眾傳播媒體被視為在俄羅斯政治體制與社會轉軌過程中一個不可或缺的社會聯繫機制。俄羅斯著名政治學家安・米格拉尼揚（Адраник Мигранян）在《俄羅斯現代化與公民社會》[49]一書中就認為，任何國家的現代化進程都是與公民社會是否成型聯繫在一起，而公民社會的建構有賴於個人、社會和國家三者之間的有機互動，每個成員部分都有他們在建構公民社會中的功能角色，而大眾傳播媒體正是政治的對話者、資訊的傳播者與公民社會的組織者。此外，俄羅斯政治理論家伊爾欣（Ирхин Ю. В.）認為，任何政治體系中的社會關係都包含著政府權威部門的決策[50]。在俄羅斯政體轉軌的過程中，媒體的行為如同扮演一種政治機制，與國家新的政權結構和其他社會階層的傳播活動關係，形成一套結構複雜的政治傳播體系。俄羅斯社會傳播學者普羅霍羅夫（Прохоров Е. П.）也認為，媒體是一支社會政治機構，因為它可以協助人們完成其他的社會活動[51]。

---

[49]　【俄】安・米格拉尼揚，《俄羅斯現代化與公民社會》，徐揆等譯，北京：新華出版社，2003 年。（原文：Адраник Мигранян, Модернизация и Гражданское Общество России, 2002 ）。

[50]　Ирхин Ю. В., 《Политология》, М.:РУДН, 1996.стр. 228.（伊爾欣，《政治學》，莫斯科：俄羅斯友誼大學出版社，1996 年，第 228 頁，作者譯註）

[51]　Прохоров Е. П. 《 Введение в теорию журналистики 》,М:

一、民眾對社會政治機構信任度偏低

1998 年的金融危機直接造成媒體寡頭與執政當局逐漸分道揚鑣，執政者開始重視社會輿論走向與媒體的影響力度。1997 年是俄羅斯金融風暴的前一年，金融媒體寡頭仍正在擴展自身媒體的勢力範圍，尚未感受到政府的管制。「社會輿論基金會」（ФОМ）[52]於 1996 年成為總統葉利欽競選連任選舉總部的民意調查基地。此後總統府就成為該基金會的最重要客戶。「社會輿論基金會」所做的民調都直接呈到總統面前，成為葉利欽總統以至於後來的普京總統隨時瞭解民意動向與制定政策的重要參考依據。俄總統府想要知道真正公正的調查，而不是經過刻意修飾過的民意調查，因此，「社會輿論基金會」就成為國家所有「全俄羅斯社會輿論研究中心」（ВЦИОМ）以外最重要的民調機構，扮演社會輿情直接上達總統的最重要橋梁之一。[53]

РИП-холдинг,1998,c.73.（普羅霍羅夫，《新聞理論入門》，莫斯科：俄羅斯出版股份公司，1998 年，第 73 頁。作者譯註）

[52] 俄羅斯的「社會輿論基金會」前身屬於「全蘇聯社會輿論研究中心」（後為「全俄羅斯社會輿論研究中心」，屬於俄羅斯政府勞動與社會發展部所有），1990 年成立，1992 年中心成為獨立研究性的俄羅斯社會輿論基金會，它主要的調查研究範圍是：焦點問題的電話調查；專訪國家和地方領導人；專項調查一般型寡頭團體的以及壟斷型的寡頭團體等等。基金會的研究專案主要受俄羅斯政府、企業單位委託（俄羅斯總統管理委員會、中央銀行、橋銀行、天然氣工業集團、伏爾加汽車集團、全俄羅斯國家電視廣播公司、獨立電視台、獨立衛星電視台、魯克由石油集團、國際影視、國際文傳電訊社、俄羅斯新聞社、俄羅斯市場經濟委員會等等）。「社會輿論基金會」的主席為亞歷山大·阿斯龍（Александр Ослон），畢業於俄羅斯圖拉大學。

[53] http://www.fom.ru/about/17.html.

　　「社會輿論基金會」於 1997 年針對涵蓋全國 98.15%地區、1456 名 18 歲以上受訪者進行的民意調查，讓民眾回答三個問題：俄羅斯哪些社會、政治機構需要改進？它們對民眾生活有那些正面或負面影響？

　　調查結果表示，民眾認為東正教堂對生活最有正面影響（＋23%），其次是大眾媒體對民眾生活產生較為正面的影響（＋11%）；而國家政權卻是對民眾生活產生較為負面的影響：下議院的國家杜馬（－16%），政黨與黨團（－13%），政府（－5%），上議院的聯邦議會（－4%），司法機關（－1%），而其中民眾對立法機構的議會（杜馬）最不滿意。有此可知，即使民眾對行政、立法、司法的表現不滿意，但對媒體的表現還是持較為正面的態度。它也體現出俄媒體在自由民主進程中與民眾的互動較為積極與正面。而民眾最信任東正教，因此，不論葉利欽或是普京都經常上教堂，並且與俄羅斯東正教教皇阿列克謝二世保持良好的互動。在任何重大災難發生時，阿列克謝二世都會出來支援總統的決策，鼓勵社會大眾與政府協手共度難關。因此，這份民調顯示宗教與媒體是最受俄羅斯民眾最信任的兩個社會政治機構。總統必須注意這個現象，以符合社會大眾的期望。

二、民眾對媒體職能態度認知的轉變特點

　　其次「社會輿論基金會」針對民眾對新聞媒體職責與記者形象所做的民意調查，結果如下：

　　基本上，約有 60％以上的受訪者認為，記者在蘇聯解體之後已經開始扮演正面積極的角色（社會利益表達者、社會觀察者和消息提供者、教育者、民主與正義的捍衛者等等）。在 1998 年金融危機前，社會調查仍顯示民眾對大眾媒體角色在轉型過程中持肯定的態度。媒體在大眾社會生活中所占據的位置較其他政府機關的政治機構扮演正面積極的角色，媒體是民眾藉以獲得有關世界資訊的消息提供者，它們同時發揮了大眾媒介傳遞資訊（70.7％）、拓展視野（30.3％）、反應輿情（27.1％）、社會教育（15.7％）、娛樂休閑（15％）、政治參與（12.9％）、社會價值（12.1％）、鼓動宣傳（10.4％）等社會功能，它們是民眾形成關於當前社會知識以及尋求解決辦法的泉源。

　　民眾對俄羅斯時期大眾媒體扮演提供資訊的角色認同性最高（70.7％），而在蘇聯時期媒體是共產黨「宣傳員」、「鼓動員」和「組織者」的角色在俄羅斯時期已變為 10.4％，也可見媒體職能與角色的轉變，對民眾生活有較為正面影響。民眾期待媒體能夠客觀、公眾提供資訊，這樣民眾的政治參與機會才能夠有效落實。國家政府則希望媒體能夠發揮教育公民和培養守法公民的功能。媒體經營者則將重點放在提供休閑娛樂的作用上，以期開拓更大的市場版塊。

三、輿論傾向支援政府對媒體進行道德監督

　　90 年代，俄羅斯媒體經歷轉型，在 1998 年金融危機前，媒體本身獲得了擴張的機會。從媒體功能屬性來說，俄羅斯

媒體比前蘇聯時期更注重表達社會利益、提供最新消息、揭露社會與政治弊端,因此民眾仍認為媒體的正面功能要多於它的負面功能。然而,即使是如此,我們仍不能忽略俄羅斯媒體在轉型期間所具有缺失,包括:媒體報導關注上層政治鬥爭與揭醜勝過社會問題的探討;媒體寡頭、金融工業集團、政府之間更加在意媒體所有權的爭奪;而媒體的自由意見市場,經常是媒體所有者與政治人物影響社會輿論和選民政治態度的發言平臺。這些媒體的政治亂象在普京上任之後逐漸受到限制。

近年來民意逐漸轉向要求媒體必須要為新聞自由付出代價,包括贊成政府施行某些新聞檢查。「俄羅斯社會輿論與市場調查──資訊監測公司」(POMИP)[54]總經理米列辛(Андрей Милехин)表示,根據該公司的民調顯示,71%的俄羅斯公民和 41%的記者支援對媒體進行某些新聞檢查。前者調查結果是在 2003 年與 2004 年初針對全俄地區1500 名受訪者而來,後者是根據俄記協據舉辦的「2004 年全俄論壇」225 名與會記者所做的問卷統計結果。與此同時,42%的公民與 78%的記者擔心,俄羅斯媒體缺乏新聞自由,因此反對政治方面的新聞箝制。在「俄羅斯社會輿論與市場

---

[54] 成立於 80 年代末 90 年年代初,2002 年與資訊監測研究中心合併,成為最大俄羅斯私營的研究調查機構,是國際蓋洛普公司在俄羅斯的分會代表。公司的合作夥伴尚包括:WAPOR , ESOMAR, Field Facts International, Harris Research International, INRA, InterMedia, Millward Brown, MORI, NOP, Pegram Walters International, PTT, Research International, Roper Starch Worldwide, SIAR International, Sociovision, SRG, Taylor Nelson/Sofres.

調查公司——資訊監測」的新聞發布會上，該公司回答《新聞時報》的提問時解釋：首先指的是倫理道德層面上的過濾，以保護大眾資訊使用者免於受到污穢、色情、暴力的干擾。[55]

四、媒體國家化擺脫金融壟斷集團

俄羅斯著名社會傳播學教授普羅霍羅夫提出了國家社會媒體的概念，而國家社會媒體可理解為一種公共形式的媒體型態，它可由商業媒體、公營媒體與國營媒體共同參與組成，他認為這是在現階段發揚俄羅斯民族文化最佳的媒體型態。而公民媒體當中的公共服務制媒體是莫大新聞系主任扎蘇爾斯基致力倡議的方向與研究的重點，國家媒體則是政府宣導政策與發布政府資訊的重要管道。公民媒體包括公營媒體與商營媒體可以直接使公民參與和監督國家政權，可成為公民建立公民社會的溝通渠道。

公民社會是普京當政之後經常掛在嘴邊倡議的目標。公民社會的提出事實上是用來重建蘇聯意識型態崩解之後思想混亂的社會體系，它強調一種社會成員自覺、自動與獨立展現個人願望的能力。這裏不再強調蘇聯時代一種國家社會強制力加諸在個人自主意願表達思想與落實行為的身上。對此，莫斯科大學社會傳播學者費多多娃有所詮釋，她認為公民社會中的公民具有獨立思考的能力，並且瞭解

---

[55] http://lenta.ru/russia/2004/07/28/censor/ .

在享受特定的權利與自由之際，必須對自己的行為承擔相對特定的責任。通常國家與個人相互對立的論點，是建立在國家會妨礙個人自主意願表達與落實的前提基礎之上。而權力本身應是一個憲政的管理體系，源於自由且平等的個體成員同意授予特定的行為方式。公民社會是公民在不依賴國家機構保障的情形之下，仍能夠實現個人的利益與需求的環境。[56]

　　就媒體自由度與社會責任的關係而言，普羅霍羅夫認為，賦予記者的自由空間越大，記者所要承擔的社會責任也越大，權力運用和責任擁有是成正比的關係。記者的責任具有客觀與主觀的兩面性規律：客觀性規律來自於外在法律環境對記者活動的規範與要求；主觀性規律來自於記者本身對於工作的理解和準備程度[57]。在建構一體化資訊公開自由的環境中，媒體對公眾關心事務的報導，也因此扮演著監督政府機關運作的社會公器機制，俄羅斯媒體人也以積極推動整個社會向公民社會邁進為職業的崇高使命。普羅霍羅夫同時認為，政府與媒體的互動關係在傳播活動中占據關鍵地位，他認為俄政府在決定媒體經濟活動的可性性範圍中扮演關鍵角色，包括政府制定的稅收政策、傳播活動所需設備材料的優惠稅率政策、運輸與交通的便捷服務、政府廣告投放的

---

[56] Федодова Л. Н. Массовая информация М.: МГУ, 1996, c.8－9.（費多多娃，《大眾資訊：生產戰略與使用方法》，1996 年，第 8－9 頁。作者譯註）

[57] Прохоров Е. П. 《 Введение в теорию журналистики 》 ,M: РИП-холдинг,1998,c.281.（普羅霍羅夫，《新聞理論入門》，莫斯科：俄羅斯出版股份公司，1998 年，第 281 頁。作者譯註）

分配等等[58]。由此可見，俄羅斯媒體寡頭的崛起和衰弱都與
政府對媒體經濟活動的支援程度有關。

90 年代，在俄羅斯出現了金融工業寡頭和他們的跨媒
體壟斷集團。普京執政後立刻著手媒體國家化進程。例如，
俄羅斯稅務警察就曾經在 2000 年 5 月時進入「橋媒體」集
團查帳，並以偷稅、漏稅為由起訴該集團總裁古辛斯基，橋
媒體財務因此陷入危機，而國營天然氣工業集團則兼並該集
團，使得俄羅斯最大的商業媒體集團再度國家化，國家政府
與國營能源企業成為媒體的資金大戶。關於俄政府兼並媒體
的舉措，曾經引起西方國家的高層與俄自由派媒體人強烈批
評與抗議，理由是俄政府干涉新聞自由，違背民主原則。普
京曾說，俄羅斯寡頭是俄羅斯經濟的侵吞者，政府有責任讓
媒體真正為社會服務，而不是為兩三個錢袋子服務。這被俄
羅斯自由派媒體人視為政府推動媒體國家化的開始。

---

[58] Прохоров Е. П. 《 Введение в теорию журналистики 》 ,М:
РИП-холдинг,1998,c.130.（普羅霍羅夫，《新聞理論入門》，莫斯科：
俄羅斯出版股份公司，1998 年，第 130 頁。作者譯註）

七 俄羅斯政治傳播體系的建構

　　1991 年蘇聯解體，導致了俄羅斯的社會結構開始形成新的政治體系，俄羅斯政治理論家伊爾欣（Ирхин Ю. В.）認為，任何政治體系中的社會關係都包含著政府權威部門的決策[59]。在俄羅斯政體轉軌的過程中，媒體的行為如同扮演一種政治機制，與國家新的政權結構和其他社會階層的傳播活動關係，形成一套結構複雜的政治傳播體系。俄羅斯社會傳播學者普羅霍羅夫（Прохоров Е. П.）認為，媒體是一支社會政治機構，因為它可以協助人們完成其他的社會活動[60]。

　　在這一政治傳播體系中，政治行為者深知，媒體的行為就是政治機制的重要部分，把持媒體就等於掌握社會前進的方向盤，並且可以借媒體的樞紐功能和守門人的角色，引導社會輿論走向有利於某個政治行為者或消息來源者。俄羅斯政權機關，不論中央或是地方，仍總是不斷試圖操控媒體，影響媒體專業活動，甚至干涉媒體採訪行為和報導內容。不但俄羅斯各級政府以不同的壓力影響與干涉媒體的運作，而

---

[59]　Ирхин Ю. В., 《Политология》, М.:РУДН, 1996.стр. 228.（伊爾欣，《政治學》，莫斯科：俄羅斯友誼大學出版社，1996 年，第 228 頁）

[60]　Прохоров Е. П. 《 Введение в теорию журналистики 》 ,М: РИП-холдинг,1998,с.73.（普羅霍羅夫，《新聞理論入門》，莫斯科：俄羅斯出版股份公司，1998 年，第 73 頁。）

且各個政黨、利益團體、企業界都積極進行媒體控制權的爭奪，這使得爭奪媒體版圖的戰況相當激烈。

在政府權威單位與媒體經營者爭奪市場份額的角力當中，新聞媒體記者也不斷為自己爭取言論自由的權利，呼籲所有的傳媒都必須在法律的架構下行事，並且要求新聞編輯、採訪和報導的自主權與專業性必須受到當權者的尊重，這裏就構成一種政治權威行為者、媒體經營者和專業記者之間對新聞權利使用認定範圍有異的三角互動關係。

與此同時，俄羅斯媒體的公共論述空間形成。就媒體與公眾關係而言，俄羅斯媒體也逐漸建立起形成社會輿論和公眾意見表達的渠道，成為民眾資訊反饋的橋梁。在俄羅斯政府近十年失去有效管理國有媒體與私人媒體的空隙中，記者有機會以自己的視角，甚至是辛辣、嚴苛、激烈或嘲諷的語氣對國家政權進行公開透明的報導和評論，政治資訊的公開化程度以及報導廣度與深度的無限上綱都讓俄羅斯民眾大開眼界，民眾對政治議題的討論也很廣泛，在俄羅斯政治傳播體系形成發展的過程當中，公眾、媒體與政府的互動關係逐步成為西方國家乃至整個國際社會觀察俄羅斯境內人權發展的重要指標之一。凡此種種，構成一幅特殊的俄羅斯媒體發展景象與獨特的政治傳播體系。

一、媒體成為政權鬥爭下的犧牲工具（1987～1996）

這一階段可劃分為四個時期：1987～1991 是言論自由與國家重建時期；1992～1993 年政治對立與媒體經濟困難

期；1994～1995 年中期是政治趨於穩定且資訊市場開始形
成期；1995 年中～1996 年中是大量政治化資金投入 1996 年
總統大選媒體宣傳造勢競選活動中。

　　第一階段是1987～1991 年的言論自由與國家重建時期。
1987 年，在前蘇聯總書記戈巴契夫倡導「公開性」
（гласность）的改革旗幟下，國家的新聞檢查制度被宣佈
取消，1990 年 6 月 12 日，最高蘇維埃通過了《出版與其他
大眾傳播媒體法》，正式禁止了新聞檢查制度，大眾傳播
自由遂有了法制基礎。這段期間，以前的禁書也開始重新
付梓問世，蘇聯記者更是初嚐到重建後帶來言論自由的滋
味，對新聞獨立也產生了無限憧憬與向往，記者被冠以第
四權威的稱號。

　　1987 年，俄國全國超過 7500 種報刊以及 2500 種雜誌
發行，《真理報》（Правда）超過 1100 萬份，《消息報》
（Известия）發行量超過 800 萬份，《勞動報》（Труда）
發行量超過 1800 萬份，《共青團真理報》（Комсомольская
правда）發行量超過 1700 萬份[61]。1989 年全國報紙種類大
約是 8800 種，發行量約是 2.3 億份，1629 種雜誌的發行量
約 2.2 億份，語言超過 55 種[62]。至 1990 為止，出現了 1173
種政治社會性的報刊[63]。1989 年成立的國際文傳電訊社

---

[61]　VI сьезд Союз журналистов СССР.Стенографический отчет. М., 1987.
　　стр40.（第六屆蘇聯記者工會大會，《大會速記報告》，1987 年，第 40 頁）

[62]　Аргументы и факты. 1990. No. 19.（《爭論與事實週報》，1990 年，第
　　19 期）

[63]　Московсти новости. 1991. No. 10. .（《莫斯科新聞週報》，1990 年，第
　　10 期）

（Интерфакс）在非國家通訊社中營業額排名第一，其經貿商務類的資訊使用量甚至超過塔斯社（ТАСС）。

1990 年 3 月，蘇聯憲法變更了只有蘇共領導蘇聯社會的規定，也因此結束了蘇共對出版定期刊物長期的專權壟斷，這是俄羅斯媒體多黨化的開始。1990 年 6 月議會通過了《出版與其他大眾傳播媒體法》，媒體因此獲得傳播自由權利的立法依歸，開始爭取扮演第四權力的機會。

安·米格拉尼揚認為，戈爾巴喬夫改革之後，社會陷入意識形態的真空時期，蘇聯黨和國家領導人卻缺乏明確的國家改革方案，這使得大眾傳播媒體得到空前的解放，甚至過去一直是官方色彩濃厚的社論也開始突出作者的個人色彩。從前是封閉的社會向公開和開放狀態過渡，為傳媒過去為政治精英服務轉而為製造政治精英，創造了獨特機會。在民主改革初期，媒體在國家領導層中的改革派與人民聯繫之間起到了聯繫作用，成為葉利欽激進民主派的助力。[64]

然而，令當時佔據主流地位的俄共「保守派」媒體相當震驚和錯愕的是，由於幾名國安體系領導和陸軍將領主導參與倒戈蘇聯總統戈巴契夫所產生的蘇聯「8·19」事件，面對此一政變，甫當選俄羅斯總統的葉利欽，於 1991 年 8 月 19 日當天立即通過成立了《國家緊急狀態委員會》（ГКЧП），並且下令禁止了莫斯科所有中央和地方刊物的出版，其中包括俄共的機關報紙《勞動報》（Труд）、《紅

---

[64] 【俄】安·米格拉尼揚，《俄羅斯現代化與公民社會》，徐揆等譯，北京：新華出版社，2003 年，第 289 頁。（原文：Адраник Мигранян, Модернизация и Гражданское Общество России, 2002）。

星報》（Красная звезда）、《消息報》（Из-вестия）[65]。
1991 年 8 月 21 日，葉利欽總統頒佈了《俄羅斯社會主義共
和國聯邦關於大眾傳播媒體》（Указ "О средствах массовой
информации в РСФСР"）的命令，免除了塔斯社》（ТАСС）
社長與新聞資訊社（информационный агентство "Новости"）
總裁的職權，企圖阻擋與封鎖俄羅斯政變事件的消息在國內
與國際社會上曝光；並且同時暫時停止原屬於共產黨最重要
的媒體輿論宣傳工具的活動，其中包括了國家中央通訊社的
塔斯社與新聞資訊社；報刊有《真理報》（Правда）、《蘇
維埃俄羅斯報》（Советская Россия）、《公開性》
（Гластность）、《工人論壇報》（Рабочая трибуна）、《莫
斯科真理報》（Московская правда）、《列寧旗幟報》
（Ленинская знамя）等，為了重新穩定新聞事業，葉利欽
於 1991 年 9 月 11 日頒佈總統命令《保護俄羅斯聯邦境印刷
自由的措施》（Указ президента РСФСР "О мерах по защите
свободы печати в РСФСР"），恢復刊物正常印刷出版[66]。

　　第二個階段為 1991 年到 1994 年。前文曾提及，前蘇聯
總書記戈巴契夫於 1987 年倡導「公開性」之後，國家的新
聞檢查制度逐漸弱化，1990 年 6 月 12 日，最高蘇維埃通過
了《出版與其他大眾傳播媒體法》，正式停止了新聞檢查制
度，大眾傳播基本建立了法制的基礎。繼 1991 年 12 月 26

---

[65]　Московские новости.1991.No 47.（莫斯科新聞週報，1991 年第 47 期。）

[66]　Овсепян Р. П.,《История новейшей отечественной журнатистики》, М.:
МГУ, 1996, стр. 169.（奧夫塞班，《最新祖國新聞學史》，莫斯科：莫
斯科大學出版社，1996 年版，第 169 頁。）

日，最高蘇維埃共和院召開會議承認獨立國家聯合體組織，蘇聯做一個國家實體與國際法主體停止存在之後，在《出版與其他大眾傳播媒體法》的基礎之上，俄羅斯最高蘇維埃與人代會通過的俄羅斯《大眾傳播媒體法》，由葉利欽總統於1991 年 12 月 27 日立即簽署生效，俄羅斯《大眾傳播媒體法》確定了傳媒創辦者的身分不僅只是具有多黨性質，而且還是多元化的主體性質。

然而在這段期間，一部分失去金元支援的媒體又多淪為寄託在蘇維埃政權機關的庇護之下，有的媒體則是尋求廠商贊助，有些則是宣告破產，並把自己的地盤轉讓給廣告主，當時國家新聞出版部只照顧民主派的刊物，所以反對派的刊物只能自尋生路[67]。

1991 年 8 月 19 日發生蘇聯政變，葉利欽總統當天立即宣佈成立「國家緊急狀態委員會」（ГКЧП），並且下令禁止了莫斯科所有中央和地方刊物的出版，其中包括俄共的機關報紙《勞動報》（Труд）、《紅星報》（Красная звезда）、《消息報》（Известия）[68]。1991 年 8 月 21 日，葉利欽總統還頒佈了《俄羅斯社會主義共和國聯邦關於大眾傳播媒體》（Указ "О средствах массовой информации в РСФСР"）

---

67 Грабельников А. А.，《Средства массовой информации в современном обществе: тенденции развития, подгатовка кадров》，М.,: Изд-во РУДН, 1995, стр. 3~4..（葛拉貝裏尼柯夫，《當代社會的大眾媒體：發展趨勢，人才養成》，莫斯科：俄羅斯亞非民族友誼大學，1995 年，第 3－4 頁。）

68 Московские новости.1991.No 47.（《莫斯科新聞週報》，1991 年第 47 期。）

的命令，免除了「塔斯社」（ТАСС）社長與「新聞資訊社」（информационный агентство "Новости"）總裁的職權，企圖阻擋與封鎖俄羅斯政變事件的消息在國內與國際社會上曝光；並且同時暫時停止原屬於共產黨最重要的媒體輿論宣傳工具的活動，其中包括了國家中央通訊社的「塔斯社」與「新聞資訊社」；報刊有《真理報》（Правда）、《蘇維埃俄羅斯報》（Советская Россия）、《公開性》（Гластность）、《工人論壇報》（Рабочая трибуна）、《莫斯科真理報》（Московская правда）、《列寧旗幟報》（Ленинская знамя）等，為了重新穩定新聞事業，葉利欽於 1991 年 9 月 11 日頒佈總統命令《保護俄羅斯聯邦境印刷自由的措施》（Указ президента РСФСР "О мерах по защите свободы печати в РСФСР"），恢復刊物正常印刷出版[69]。

　　然而，1991 年「8 月事件」之後，刊物的功能和性質都有了明顯的轉變，報業的角色大體上形成了四個派別：第一個派別是政府派媒體，像是《俄羅斯消息報》（Российские вести）以及屬於地方政府機關的報紙，其報導的特點在於支援政府改革的措施，但避免公開批評政府改革所造成的負面結果；第二派別是蘇維埃機關報，代表的是《俄羅斯報》（Российская газета），其積極批評政府的改革，但在 1993 年的十月事件之後，遂轉成為政府的機關報；第三個派系是民主派媒體，例如《消息報》（Известия）、《莫斯科新聞

---

[69]　Овсепян Р. П.，《История новейшей отечественной журнатистики》，М.: МГУ, 1996, стр. 169.（奧夫塞班，《最新祖國新聞學史》，莫斯科：莫斯科大學出版社，1996 年版，第 169 頁。）

報》（Московские Новости）等等，民主派報業的報導有不同程度的批判聲音，但仍支援政府各項改革政策與行動；第四支派別是民族主義派，例如《蘇維埃俄羅斯》（Советская Россиийсия）、《俄羅斯文學》（Литературная Россия）、《日誌》（День）等報紙，其旨在於攻擊總統和政府[70]。

　　1993 年的十月事件爆發的前夕，自由報業受到了嚴格的控管，儘管新聞檢查制度已經被取消，但政府還是習慣以此種作法來控制或恫嚇媒體，例如《莫斯科真理報》（Московская правда）、《今日報》（Сегодня）、《獨立報》（Независимая газета）、《俄羅斯》（Россия）和其他的報紙都曾經遭受到被刪除報導、意見和評論的經歷，新聞出版部還要求記者們要自律，並且也下令禁止媒體的活動，例如禁止當時屬於最高蘇維埃的《俄羅斯報》（Российская газета），以及「俄羅斯電視臺」的「國會」（Парламент）欄目，廣播節目「國會時刻」（Парламентский час）。

　　葉利欽於 1991 年和 1993 年，下令禁止了俄共黨務與媒體的活動，此一強勢獨斷的行為曾令向往自由的媒體相當錯愕與大加韃伐。事實上，葉利欽開放媒體最主要的目的，在於擠壓俄羅斯共產黨的生存空間，但俄共在主席久加諾夫的領導下開始從群眾基層做起，也獲得了許多懷念蘇共民眾的

---

[70] Грабельников А. А.，《Средства массовой информации в современном обществе: тенденции развития, подгатовка кадров》, М.,: Изд-во РУДН, 1995, стр. 9. .（葛拉貝裏尼柯夫，《當代社會的大眾媒體：發展趨勢，人才養成》，莫斯科：俄羅斯亞非民族友誼大學，1995 年，第9 頁）

支援，使得俄共迅速恢復了元氣，並於 1993 年底國會改選時，俄共仍是成功地奪得了國會第一大黨的席位。此時，葉利欽意識到，要想改變俄羅斯人存在已經七十多年的觀念，只有依靠俄羅斯傳媒的壯大，以媒體傳播的力量來逐步改變人們頭腦中的觀念。然而，就在當時計劃經濟向市場經濟轉型過度的期間，俄羅斯經濟還沒有得到復甦，那麼，落實發展媒體的願望，葉利欽只有依靠金融大亨提供周轉媒體運作所需要的龐大資金。銀行的投資是需要高額的回報，而銀行無法通過正常的商業廣告途徑來獲取投資回報，就希望取得政治權力，以親近政權的方式來直接利用國家豐富的各種資源，如此一來，便種下了銀行寡頭干預政治及官員貪污腐敗的禍根。在俄羅斯普通老百姓眼中，這種寡頭政治架就是目前俄羅斯最嚴重的腐敗問題的代名詞，正是這些人在俄私有化過程中借機大量侵吞過歐財產和資本，成為暴發戶後又極少投資生產領域，導致俄經濟萎縮人民生活水平下降。

此一階段媒體百花齊放、相互競爭、相互消長的時期，其特點為總統葉利欽與媒體建立了相互依存、互為利用、互擡聲勢的關係。葉利欽在此一階段執政期間，自身的政治實力還不是十分強大穩固，究其原因，首先葉利欽本人並沒有屬於自己的政黨，他對於國內出現的問題經常採取一種合縱連橫的做法，媒體成為俄羅斯政治家表現的工具。

俄羅斯政治體制的轉軌讓俄羅斯媒體獲得了機會，以獨立法人格的身份面對受眾市場的挑戰，然而，傳媒事業不再由政府直接補助，除了國家通訊社俄通社塔斯社（ИТАР-ТАСС）與《俄羅斯報》（Россикая газета）直接

由中央預算全額補助經營之外，其他媒體都需自負盈虧，因此，沒有官方支援與財團支援的媒體，反而失去了生存的空間。另外，就生產設備和技術材料而言，紙張與印刷機器經常性漲價都迫使新聞出版物價格大幅提升，這也導致民眾購買能力降低，變相剝奪了俄國人在公眾場所隨處可見的閱報習慣和享受。當然這種不對稱的現象與九十年代俄羅斯經濟轉軌所帶來的盧布貶值與人民個人所得縮水有關。不過，自從普京執政後，2000 年俄羅斯 GDP 增長約 8%，若俄羅斯經濟持續成長，也會穩定與改善新聞出版物的售價，因為國家控制了九成以上的印刷廠，政府可以部分承擔紙張與印刷的費用。

1993 年 3 月之後，俄羅斯中央上層政府權威機關之間的政治對立日益嚴重，行政與立法機關的對立正式宣告浮出臺面，這是總統與人民代表大會爭奪國家最高行政主導權的憲政衝突，衝突的焦點就是在於國家權力體制是要走向由總統葉利欽享有領導實權的總統制，亦或是由議長哈斯布拉托夫等共產黨人領導人民代表大會組閣的內閣首長制。1993 年 4 月 25 日，由葉利欽主導進行全民公決，5 月 5 日，全民公決中央委員會公佈結果：64.5%的選民參加全民公決，58.76%對葉利欽投票信任，53.04%的人贊成總統與政府的政策。據此葉利欽重申全民公決的結果是人民給他的新授權，而議會是非法機構[71]。10 月 4 日，葉利欽以炮轟蘇維埃所在

---

[71] 海運／主編，《葉利欽時代的俄羅斯政治卷》，北京：人民出版社，2000年，第 54 頁。

地「白宮」收場。此後，國家權力制度走向總統享有實權與政府總理協助執行的雙首長制。

1993 年 10 月 6 日，葉利欽發表電視談話，要求各地蘇維埃自行解散，7 日，公佈議會下院杜馬選舉章程，規定杜馬分別由政黨選舉和 225 選舉區選出一名代表組成 450 名代表的下院。11 日，總統發佈命令，決定上院（聯邦議會）由 89 個聯邦主體各選出兩名代表組成，定於 12 月舉行新議會的選舉[72]。但是國會重新選舉的結果，卻令葉利欽非常失望，因為由黨魁久加諾夫領導的共產黨取得第一大黨的地位。三個反對派政黨（共產黨、自民黨、俄羅斯農業黨）共獲 182 席，占總席次的 41%，超過民主派 18 席，左翼政黨雖未能超過一半席位，但足以形成牽制與制肘的力量[73]。從此，以左翼為主的國會制肘政府的戲碼也就年年上演，直到 1999 年親近政府的大熊黨（團結聯盟黨）贏得國家杜馬第二大黨的席位後，便著手致力與其他政黨進行策略聯盟，大抵穩定了 2000 年普京當選總統執政之後的政局與改革之路。

俄羅斯學者索格林（B.Согрин）認為，1993 年葉利欽取得全民公決與十月事件的成功憑靠了媒體的大量宣傳，因為在這場憲政危機之下的民主派報業支援了總統，且中央的電視臺「奧斯坦基諾」電視中心也在葉利欽的掌控之下[74]。《俄

---

[72] 同上，第 71－72 頁。

[73] 同上，第 74－76 頁。

[74] Согрин B. 《Политическая история современной России 1985 - 1994: от Горбачёва до Ельцина》. М.: Прогресс-Академия, 1994. стр. 157-158. （索格林，《1985 到 1994 年俄羅斯當代政治史：從戈爾巴喬夫到葉利欽》，莫斯科：成果－科學院，1994 年， 第 157－158 頁。）

羅斯報》在府會政治鬥爭之中扮演的是人民代表大會的喉
舌，但在十月事件後就成為俄政府的戰利品。然而，1993
年 10 月 14 日，新聞出版部也禁止了許多報紙的活動，例如
《俄羅斯機關報》（Русские ведомости）、《日誌》（День）、
《公開性》（Гласность）、《人民真理報》（Народная правда）
與其他報紙等等，政府的禁令破壞了媒體與中央領導政權建
立的蜜月關係[75]。從 1991 年蘇聯政變危機到 1993 年十月事
件，克里姆林宮與議會幾次禁止報業活動的舉措，都令俄羅
斯民主之路走得相當艱辛和動蕩。

　　第三個階段是資訊市場趨於穩定，但是媒體集團開始形
成的階段。1993 年末至 1995 年中期，俄羅斯的資訊市場開
始有商業集團進行分割佔領的行為。例如以銀行家的古辛斯
基（Гусинский）為首的「橋媒體」集團（Медиа-Мост），
小雅可夫列夫（Яковлев-младший）的「生意人出版社」
「Коммерсанть」的報業集團等等。值得注意的是，自 1994
年到 1996 年期間的車臣戰爭顯示，媒體參與了戰爭的成
敗，在政府失去管理控制國營媒體和商業媒體的空窗期之
下，媒體開始成為能夠箝制政府力量的第四權機構，當時主
流媒體堅決反戰立場，出現與政府立場不同調的現象，這對
於贏得民主派媒體取得政權的葉利欽而言打擊很大，因為葉
利欽的政敵此間卻成為了大眾媒體乃至看不見之社會大眾
的反戰輿論，葉利欽瞭解到此時無法再以斷尾求生的方式斬

75　Парламентские выборы в России. Доклад Европейского института
СМИ. Международная жизнь. 1994. № 2. (《俄羅斯國會選舉》，歐洲
媒體研究學院報告，《國際生活》，1994，№ 2。)

斷曾經支援他的民主派媒體與公眾，那樣只會加深民意往支援俄共的方向走去。

最後一個階段就是媒體全面為總統選舉服務時期。為了1996 年的總統大選，1995 年 10 月 6 日，葉利欽頒佈《關於完善俄羅斯聯邦境內廣播電視》的總統令（Указ Президента Б. Ельцина «О совершенствовании телерадиовещания в Российской Федерации»）[76]，此時葉利欽還不得不選擇拉攏媒體寡頭，這使得媒體經營者的寡頭勢力滲入了克林姆林宮的總統決策核心權力之內，媒體資金遂已經泛政治化。1995年 3 月，銀行企業家別列佐夫斯基（Борис Березовский）的資金投入了「俄羅斯社會電視臺」（OPT），成為媒體寡頭之一，別列佐夫斯基遂開始成為葉利欽身邊的當紅者，同時為葉利欽連任之路進行操控民意與選舉宣傳造勢的重要操盤手。

二、集團化媒體與政府的鬥爭　（1996～1998）

1996 年葉利欽成功如願地當選總統後，大量泛政治化的資金流入媒體逐步形成集團化，結果讓克宮與媒體寡頭成為政府與財團挂鉤的結合體，媒體寡頭進入決策核心班底的後果，造成了政府總理、第一副總理等官員與媒體寡頭在葉利欽面前爭功諉過，得勢的媒體寡頭甚至有意想讓葉利欽提前辭職下臺。

---

[76] Российская газета, 1995, 11 октября. (《俄羅斯報》，1995 年 10 月 11 日）

　　有鑒於此，媒體寡頭與政府高層的政治惡鬥促使葉利欽希望早日結束政治的動盪，真正落實他當初的改革理想，葉利欽為了讓國家主管機關在參與組織媒體活動的過程中扮演執行調控媒體事業主導者的角色，遂於 1997 年 8 月 25 日頒佈總統令《全俄國營電視廣播公司的問題》（«Вопросы Всероссийской государственной телевизионной и радиовещательной компании»），次年，於 1998 年 5 月 8 日，葉利欽又簽署總統令《關於完善國營電子媒體的工作》（Указ «О совершенствовании работы государственных электронных средств массовой информации»），正式將所有中央暨地方國營廣播電視公司、俄羅斯新聞資訊社和電視技術中心奧斯坦基諾（ТТЦ«Останкино»）同時納入全俄羅斯國家電視廣播公司（ВГТРК）統一整合調度管理，國營的中央電視臺——俄羅斯社會電視臺（ОРТ）與當時最大商業電視臺——古辛斯基（Гусинский）橋媒體集團所屬的獨立電視臺（НТВ）都使用電視技術中心的資源，媒體寡頭都立刻感受到全俄廣電公司的技術牽制[77]。

　　繼之，白宮政府為了繼續強化在資訊領域中控制媒體活動的實力，遂於 1998 年 7 月 27 日通過了《關於形成國營電子媒體生產——技術——體化》的行政決議（Постановление «О формировании единого производственно-технологического

---

[77]　《Два в одном канале. ОРТ и НТВ теперь зависит от ВГТРК》，Коммерсантъ. 1998. 12 мая. (《二合一頻道，社會電視台與獨立電視台現在依賴全俄羅斯國家電視廣播公司》，《生意人報》，1998 年 5 月 12 日。)

комплекса государственных электронных средств массовой информации»），該項政府決議是對 1997 年 8 月 25 日總統令《全俄國營電視廣播公司的問題》（«Вопросы Всероссийской государственной телевизионной и радиовещательной компании»）和 1998 年 5 月 8 日葉利欽簽署總統令《關於完善國營電子媒體的工作》（Указ «О совершенствовании работы государственных электронных средств массовой информации»）的延續，這更確定了全俄羅斯國家電視廣播公司 （ВГТРК）作為國營媒體集團控股事業的最高領導地位[78]。

　　隸屬於全俄羅斯國家電視廣播公司的俄羅斯國家廣播電視臺（РТР）從 1991 年 5 月開始播出，該電視臺的節目涉及社會、政治、資訊文化等領域，該電視臺的節目播出使用了衛星、地面轉播站等相關設備，全俄羅斯有 98.7%的大眾可收看到該電視頻道，同時衛星轉播該電視臺的廣播版一周達 17.3 小時，「俄羅斯」節目還可以在阿塞拜疆、亞美尼亞、格魯吉亞、吉爾吉斯坦、烏茲別克斯坦、塔吉克斯坦、白俄羅斯收看，但在哈薩克斯坦與烏克蘭只能收看部分時段的俄羅斯國家廣播電視臺。前新聞出版部長米哈伊爾‧費德洛夫對於俄羅斯傳播法建立的總體設想當中指出，俄羅斯政府應當大力發展服務於社會的媒體，在俄羅斯社會媒體的形成應當借助於三種政府權威勢力的整合，這三種勢力分別

---

[78] Полукаров В. Л.《 Реклама, общество, право, приложение 4 》М, «Знак», 1999 г., стр123.（巴魯克洛夫，《廣告、社會、法律》，莫斯科：標記出版社，1999 年，第 123 頁。）

為：聯邦政府、地區和自治共和國，只有這三種勢力將原本分散的傳播資源整體整合後，傳媒才可能在國家廣播電視委員會的領導下，完成俄羅斯媒體社會化的目的[79]。

國營的俄羅斯廣播電視臺（PTP）和社會電視臺（OPT）的覆蓋率高達98%以上，而商業電視臺的信號發射主要涵蓋莫斯科州及附近地區，由於其地區轉播架設的投資實力不如中央雄厚，中央廣播電視公司的資訊影響力是具有全國性質的，而後蘇聯時期地方政權與媒體的關係反映在媒體依賴來自政府的資金補助上，因此90%以上的地區媒體的報導仍表達某個政府權威或媒體經營者的觀點[80]。

俄羅斯政府於九十年代對媒體的控管工作，是積極反映在聯邦總統的命令上，用以應付俄國層出不窮的傳播管理問題。自 1993 年至 1999 年期間，俄羅斯聯邦出版委員會（Роскомпечать）與 1993 年底根據葉利欽總統令設立的俄羅斯聯邦廣播電視服務處（ФСТР）負責在傳播體系中實行領導、管理、組織與協調的任務。與俄廣電服務處成立的同時，還設立了廣播電視委員會（Федеральная комиссия по телерадиовещанию）。葉利欽總統於 2000 年總統大選前夕，

---

[79] Ворошлов В. В. 《Журналистика》. — СПБ.: изд. Махайлова В. А., 1999, c.55～56.（瓦拉什洛夫 （1999）。《新聞學》，聖彼得堡：米哈伊洛夫出版社， 第 55－56 頁。）

[80] Российские средства массовой информации, власть и капитал: к вопросу о концентрации и прозрачности СМИ в России, М.: Центр «Право и СМИ», 1999. - 80 c. - （Журналистика и право; Вып.18）. （〈俄羅斯大眾傳播資訊、政權與資金：俄羅斯媒體康採恩與透明化〉，莫斯科：立法與媒體中心，1999，頁 80，同時刊載於該中心的《新聞學與立法》期刊第十八期）

為了強化媒體主管機關的統一管理的功能，1999 年 7 月 6 日，總統葉利欽頒佈總統令《完善國家管理大眾資訊》（Указ 《О совершенствовании государственного управления в сфере массовой информации》），將廣電服務處、廣電委員會與俄羅斯聯邦出版委員會合併為出版、廣電和大眾傳播事務部（以下統稱新聞出版部）（МПТР）[81]。俄國家媒體主管機關以國家行政與技術資源掌控者與分配者的身份，在傳播體系中準備逐步收編和整頓媒體的活動。

根據俄傳媒法第三十條規定[82]，廣播電視委員會的主要任務是研究關於廣播電視執照發放與政策的制定工作。蘇聯解體之後，原屬於前蘇聯的中央電視臺與廣播電臺則分別落入俄羅斯聯邦政府與各地方政府或共和國的手中，在俄羅斯聯邦剛成立的初期，就已經形成大約 75 個電視中心，然而地方政府對於電視中心的管理，卻遠遠落後於當時前蘇聯中央政府的統一管理，這其中關鍵的因素就是地方政府無法籌集到用於電視中心發展的資金，同時電視中心的新聞從業人員對於電視媒體的管理也缺乏必要的經驗[83]。

1993 年底，葉利欽總統簽署總統令成立俄羅斯聯邦廣播電視服務處，與此同時也宣佈正式成立廣播電視服務委員會，廣播電視服務委員會屬於聯邦政府體制外的服務單位，

---

[81] Российская газета, 1999.7.6.（《俄羅斯報》，1999 年，7 月 6 日。）

[82] Закона 《О средствах массой информации》, статья 30: Федеральная комиссия по телерадиовещанию.傳媒法第 30 條聯邦廣播電視委員會

[83] Ворошлов В. В. 《Журналистика》. — СПБ.: изд. Махайлова В. А., 1999, c.54〜55.（瓦拉什洛夫（1999）。《新聞學》，聖彼得堡：米哈伊洛夫出版社，第 54－55 頁。）

直接向總統本人負責。廣電服務處成立的目的在於協調並處理整個聯邦內傳播活動中出現的爭議性問題，而廣播電視委員會的功能則在於負責廣播電視臺中具體的技術性政策問題，廣播電視委員會的這種政府體制內外組成的官方機構，在當時其實就是一種總統為控制媒體所做出的政治性考慮，即由於當時政府與議會衝突而致使白宮遭葉利欽炮轟之後，葉利欽為避免政治動蕩以及與自己意見相左的人擔任廣電職務而進行的特殊組合。但是，總統不尊重議會，任意頒發總統令搞體制外運行，也造成長期府會衝突延誤國家改革的進行，同時也開啟了決議案延宕與總統繞過國會直接頒佈命令行事的先例。

1993 年 10 月 4 日，葉利欽炮轟白宮人民議會大廈，並且簽署命令，《真理報》、《蘇維埃俄羅斯報》、《公開性》、《工人論壇報》、《公開性》、《人民報》、《俄羅斯消息報》等十多種共產黨的報刊停止發行。「十月事件」之後，《勞動報》和《共青團真理報》失去了 500 萬訂戶[84]，因為讀者不喜歡報紙淪為政治鬥爭的工具，較喜歡綜合時事性強的新興周報《爭論與事實》（Аргументы и факты），因此，其訂戶於 1991 年已經超過 3300 萬[85]。

由於葉利欽置新聞自由存在的地位低於掌權者個人的命令之下，新聞自由形同危樓，隨時面臨土崩瓦解的危機。

---

[84] Московсти новости. 1991. No. 47.（莫斯科新聞週報，1991 年第 47 期。）

[85] Овсепян Р. П.,《История новейшей отчественной журнатистики》, М.: МГУ, 1996, стр. 170.（奧夫塞班，《最新祖國新聞學史》，莫斯科：莫斯科大學出版社，1996 年版，第 170 頁。）

這段期間是俄羅斯媒體度過天人交戰的時刻，儘管如此，政治危機度過之後就是媒體事業如雨後春筍蓬勃發展的轉機開始，僅是同年 9 月份，就有 1269 家報紙、雜誌和通訊社向政府的《新聞出版部》（МПМИ РСФСР）登記註冊[86]。

　　如上提及，按照俄羅斯傳媒法第三十條規定，廣播電視委員會其中一項最重要的任務，就是檢查廣播電視節目是否符合傳媒法的規定。然後，再根據各家廣播電視臺的具體情況，發給節目播出發放許可證。此外，如果廣播電視臺之間產生任何糾紛，委員會還會介入其間解決糾紛，與俄聯邦總統直屬之資訊爭議訴訟廳（Судебной палатой по информационным спорам при Президенте РФ）共同進行協定調停，或是有些媒體糾紛還會透過捍衛公開性基金會（ФЗГ）進行調停。1999 年 7 月 6 日，葉利欽頒佈命令將聯邦廣電服務處與廣電委員會合併組成於一個對口單位出版、廣電和大眾傳播事務部（МПТР），至此，政府才將有關修改傳媒法的議案遞交給下議院杜馬進行審核通過。

　　廣電委員會正式並入行政體系中，雖然告別了總統直接管轄委員會控制媒體的個人色彩，進入了國會立法監督的體系中，但是其組成委員與執照發放權力仍受到行政部門的直接管轄，不若美國的聯傳會具有兩黨制衡監督，以及在人事權、提名權和任命權分開的行政、立法、司法相互監督制衡的功能，出版、廣電和大眾傳播事務部更強化了政府對媒體事業的控管。

---

[86]　Овсепян Р. П., 《История новейшей отечественной журнатистики》, М.: МГУ, 1996, стр. 169.（奧夫塞班，《最新祖國新聞學史》，莫斯科：莫斯科大學出版社，1996 年版，第 169 頁。）

　　葉利欽認為，規劃國家杜馬選舉與總統大選的媒體宣傳
戰時，必須要將莫斯科與其他地區的媒體資源整合起來。如
前文所述，1999 年 7 月 6 日，葉利欽頒佈命令取消出版委
員會與廣電服務處，設立新聞出版部（МПТР），而新聞出
版部成立的目的是要重新統合整編原本功能分散的媒體主
管機關，以一個強力的單位，統一集中控管所有俄羅斯聯邦
境內的媒體活動，新聞出版部具體的任務包括研究與落實在
資訊傳播過程中的國家資訊傳播政策、管理影音產品生產、
以及媒體登記註冊與執照申請審核許可的工作。《社會報》
（Общая газета）寫到，新聞出版部成立之後，申請廣電營
運執照必須要在競爭機制的基礎上，這讓籌設廣電的申請變
得更加困難了[87]。

三、政府繼續強化在傳播體系中的主導角色
　　（1998 年 8 月～2000 年總統大選）

　　1998 年 8 月，俄羅斯爆發了金融危機，銀行體系重創，
媒體寡頭投資金縮水，然而，此時正是政府擺脫金融寡頭控
制的契機，克宮決心讓政府繼續強化媒體主管機關的領導統
合功能，且對國營中央媒體持續進行重組，以進行由政府主
導媒體宣傳戰的輿論調控工作，政府總體的媒體攻防戰的戰
略目標，是瞄準 1999 年的杜馬選舉和 2000 年的總統大選。
政府權威機關的各項媒體相關立法，足以顯示中央強化政府

---

[87]　《Общая газета》, 1 августа 1999 г.（《公共報》，1999 年 8 月 1 日）

機關與全俄國家電視廣播公司整合在一個統一完整資訊領域中的戰略方針。

　　1999 年 8 月，普京以聯邦安全局局長、安全會議秘書之姿，帶著葉利欽總統的期盼走馬上任擔任政府總理工作。為了繼續完成全俄羅斯國家廣播電視公司（ВГТРК）的改組以及電視營業執照登記審核發放的管理，普京於 1999 年 9 月 10 日發佈決議《俄羅斯出版、廣播電視及大眾傳播事務部的問題》，該決議確認了新聞出版部的建議地位與執行權力，政府正式開始執行嚴格的資源分配與廣電經營的執照核發工作，同時著手進行全俄羅斯國家電視廣播公司（ВГТРК）的集中資源分配與經營管理改組工作。事實證明，從克宮與白宮[88]一連串法規的制定與發佈的舉措看來，新聞出版部重組和全俄廣電公司的整合，正是為了普京登上權力高峰與執政之後消滅對立的媒體寡頭鋪平道路。

　　觀看 1999 年 7 月 6 日總統葉利欽簽署頒佈的《完善國家管理大眾資訊》的總統命令，新聞出版部就此整編重新出馬，不但顯示了俄中央政府在九十年代經歷了府會政爭、民族分裂、地方主義、財團參政與其他等等的政治動盪之後，已經調養回復到相當的執政控制能力，同時也展現了葉利欽家庭與其班底在葉利欽心臟惡化病臥床榻之際，仍然強力運作政治。而普京於 1999 年 8 月以葉利欽得力接班人的姿態進入白宮政府，鞏固了中央集權的領導風格，全面進行選舉

---

[88]　「白宮」為俄羅斯聯邦政府所在地，俄羅斯政府總理在此辦公，因其建築外觀以白色為主，故稱為「白宮」，它與美國的白宮無任何聯繫。

的宣傳活動，由於葉利欽於 2000 年 12 月提前辭職，普京擔任代理總統。此後他積極參與了各種活動，中央國營媒體和商業媒體都競相報導他的行程，大大增加了他在媒體螢幕前的曝光率，在政治資源與媒體的合作之下，普京豈是其他總統競爭候選人所能與之睥睨爭鋒的呢！2000 年普京成功入主克宮。在他冷峻略帶靦腆的外表下，仍維持他一貫的強人領導作風。

綜觀俄羅斯政治傳播體系形成的過程，媒體事業的發展乃牽系於政權與媒體間的互動和依存關係，甚至是雙方的默契。由於俄羅斯前總統葉利欽是無黨無派，在他執政期間，政府有賴金融工業集團的支援，與俄共抗衡，葉利欽政權和金融工業集團已經形成魚水難分的自然利益共同體，媒體也會因為自身利益替政府政策護航。普京上任初期，他本人所欲推動之政策或法案多由國會第二大黨團結黨護航，其他黨如「右翼聯盟」、「自民黨」、無黨籍議員也大都支援政府，2002 年前夕，兩大黨「團結黨」與「俄羅斯祖國黨」的結盟合併，更確定了今後國會將更順暢地執行總統的政策。此時，媒體將逐漸持不批評政府政策的態度，以求與政府保持友好互動的關係[89]。

---

[89] 2003 年底的國會選舉，根據選委會的統計資料，團結黨俄羅斯黨取得第一大黨地位，得票率為 37.09%，俄共黨－12.7%，自民黨 11.06%，祖國黨 9.1%，亞博盧－4.3% 和右翼聯盟－4.0% 則因未過 5% 的得票門檻而失去進入新一屆杜馬的機會，無法成為獲得政府補助與分配全聯邦比例代表制議席的政黨聯盟，團結黨俄羅斯黨可獲得 222 個席位，俄杜馬共設有 450 個席位。

八 媒體與國家發展理論

　　大眾媒體深植於政治系統之內，一旦抽離了媒體，當今的政治活動將變得極難推動。[90] 吉特林（Gitlin）認為：「自從廣播變成為美國生活重心的一環後，政治生活的構造便發生了變化」。[91] 因為當權者往往利用新聞機構可操作的屬性，因此，在研究政治與媒體之間的關係時，需顧及媒體和當權者之間的互動，近年來，許多研究者就把焦點放在媒體和當權者的合作關係和互相勾結的程度上來。[92]

一、媒體與政治活動

　　自從第二次世界大戰後，歐洲國家機制對媒體工作的影響有二：第一，國家掌握了行政資訊，媒體往往無法自動取得這些資訊，這妨礙了公眾資訊的流通；第二，行政系統企圖統籌資訊策略，對不利政府的資訊加以反擊，政府與行政官員是有目的、有計劃地主導輿論方向。因此，管制或放鬆：市場自由論（market liberalism）與公共管理說（public

---

[90] Seymour-Ure, C. K. （1974）. The Political Impact of Mass Media, Constable, London, p. 62.

[91] Gitlin, T. （1980）. The Whole World is watching, University of California Press, pp.8-9.

[92] 蔡明燁譯（2001）。《媒體與政治》，頁 8，臺北市：木棉。（原書 Ralph Negrine〔1974〕. Politics and the mass media in Britain. London: Routledge）

regulation）成為二戰後媒體在實務上觸及的問題。根據自由主義或社會責任媒體理論，大眾傳播媒介不應受到國家的控制，同時媒體的所有權不應該集中在少數人或企業集團的手中，但今天的問題是，不僅媒體所有權集中化的趨勢已經是不可抹煞的事實，而且大多數媒體都有其政治立場，這個現象連同經濟與其他壓力，使我們認為一般媒體不會自動負起對社會的責任和義務，除非它們受到強制而不得不然。[93]

　　歐洲政治傳播有兩大支研究重點：一為制度的政治（institute politics），如政府、法律、政黨、候選人與傳播的過程及其彼此的關係；另一則為文化的政治（culture politics），專注於所有廣為流傳的符號形式之社會來源與功能，傳遞了我們彼此組織關係的現象與形象。前者（institute politics）注重於權力的爭鬥，而後者（culture politics）重於意義的鬥爭（意識型態、霸權、製碼與解碼）；前者注重訊息，後著則重文本；前者認為大眾傳播媒介材料的接收者將會採取立場（side-takers），而後者則視其為讀者和意義製造者；前者採取更多政治學的角度，而後者從社會學、人類學、文學批評、語義學、經濟學和語言學等混合中求靈感。加深政治的結構、制度與系統的傳播分析，可增加對「中介政治現實」（mediated political reality）的瞭解。八十年代以後，歐洲學者的焦點更放在權力的各種關係上，強調媒介系統和政治系統的關係，注重大眾媒介為仲介的政治社會、政

---

[93]　同上，頁 36－40。

治架構成三角關係，重點仍在具體事件、政見和意見，以國家的政治傳播體系為分析對象。[94]

　　例如，傳播學者戴逸區（Deutsch），他把政府與媒體之間的傳播鏈視為政府政策的神經中樞，他認為唯有將所有關於政治活動的傳播行為模式化，才能有效控制傳播。[95] 政治學家伊斯頓（Easton）把政治環境看作是一個輸入（inputs）與輸出（outputs）循環性的政治系統，輸入是指被統治者對政府當局的要求或支援；輸出是指政府當局的決策、政策和服務，政治系統的持久性取決於統治者施政表現和被統治者支援度的關係。[96] 此外，布蘭勒（Blumler）強調媒體提供資訊的中介功能──「組成世界觀的資訊積木……，從而可能滋生出一系列的行動。[97]」布蘭勒認為，政府、法律、政黨、利益團體、社團機構、媒體組織、公眾之間的互動關係構成政治傳播的主體，呈現政府、媒體、受眾之間以及媒體組織內經營者、編輯、記者之間的三角關係。[98]

---

[94]　彭芸（民 81）。《新聞媒介與政治》，頁 2－7，臺北市：黎明文化。

[95]　Deutsch, Karl （1963）. The Nerves of Government: Models of Political Communication and Control, New York：Free Press.

[96]　Easton, D.（1965）. A System Analysis of Political Life, New York: Wiley. Easton, D. （ 1965 ）. A Framework for Political Analysis, N.J.: Prentice-Hall. Easton, D. （1953 ）. An Approach to the Analysis of Political System, New York: World Politics.

[97]　Blumler J. （1977）. The Political Effects of Mass Communication, Open University Mass Communication and Society Course, Unit 8, Open University, p.24.

[98]　Blumler, J. （ 1990 ）. Western European Perspectives on Political Communications: Structures and Dynanmics. European Journal of Communication, Vol.5, pp. 261-284。

二、媒體與公眾政治參與

第二次世界大戰結束後，大眾傳播理論也發生了轉折，二十年代以降流行的魔彈影響理論（Magic Bullet Theory）受到了質疑與挑戰，大眾傳播學者對詮釋媒體提升公眾政治參與能力來促進國家發展的積極功能提出了許多具體的研究成果。

例如勒那（Lerner, 1958）提出線性模式（Linear model）來說明傳統社會的起飛，他從社會結構與民眾的心理功能的角度，指出大眾媒體可以提高受眾三個基本要素——「地理移動力」、「社會移動力」、「精神移動力」，也就是人口流動、社會階層的流動和每個人提昇成就感與成就需求的精神力量。當社會型態從農業進入工業、從工業進入資訊社會以後，大眾媒體協助民眾政治參與和經濟參與的功能地位尤其關鍵。[99]

政治參與

工業化 ⟶ 都市化 ⟶ 識字率 ⟶ 大眾媒體

經濟參與

圖 1：勒那線性現代化過程模式, 1958

凱茲（Katz）於 1959 年提出受眾使用媒介與滿足的研究領域。Katz 將研究的問題改成「人們利用媒介做了什麼？」（What do people do with the media？）Katz 認為，不同的人

---

[99] 林東泰（民 88）。《大眾傳播理論》，頁 196－199，臺北市：師大書苑。

可以將相同的大眾傳播消息用於不同的目的，例如為了自身的問題尋求解決辦法，使用媒介幫助情感的宣洩，或是利用媒介瞭解公共事務以豐富與人交談的內容。布蘭勒與麥奎爾（Blumler & McQuail）以 Katz 的媒介使用與滿足理論作為總體研究策略，對 1964 年英國大選進行了研究，發現受眾有強烈動機收看電視，獲取政治資訊。受眾有「監視政治環境」的需求，Blumler &McQuail 認為，受訪者最常提及的三個理由反映了一種「監視政治環境」的需求，說明過半數人們使用政論性節目是為了瞭解政治事務，三分之一受訪者是為了提醒自己加強政黨認同。[100]

　　施蘭姆（Schramm）在 1964 所著的《大眾媒體與國家發展》（Mass media and national development）一書中，從鉅觀的角度提出媒體對國家發展的一些貢獻：（1）擴展民眾視野，前瞻未來生活景象；（2）加強公共宣導，讓民眾瞭解政府施政措施；（3）凝聚民眾共識，協助共同推動國家發展；（4）提高民眾抱負水準，以期改善目前生活；（5）擴大政治溝通，以制定周延的公共政策；（6）塑造社會規範，讓民眾可以共同遵守；（7）形成文化品味，提高大眾文化品味；（8）配合人際管道，強化傳播效果；（9）改變某些態度，以利國家發展。[101]

---

[100] 郭鎮之譯，賽弗林、坦卡德著（2000）。《傳播理論：起源、方法與應用》，頁 320－322，北京市：華夏出版社。(原著 Severin & Tankard〔1997〕. Communication Theories: Origins, Methods and Uses in the Mass Media）

[101] 林東泰（民 88）。《大眾傳播理論》，頁 195－196，臺北市：師大書苑。

　　羅吉斯（Rogers）則從微觀的角度來說明大眾媒體在國
家發展中所扮演的中介變相（intervening variable），多項因
素經過媒介使用之後，就會產生一些移情的變化，諸如移情
能力、創新程度、政治知識、成就需求和成就抱負等。[102] 羅
吉斯較重視媒介使用程度與個人成就的密切關係以及個人
追求經濟、社會地位在國家發展中的角色。

前因　　　　　　　中間變項　　　　　　　後果

識字率　　　　　　　　　　　　　　　　移情能力

教育程度

社會地位　　　　媒介使用程度　　　　　農業及家庭創新程度

年齡　　　　　　　　　　　　　　　　　政治知識

世界性　　　　　　　　　　　　　　　　成就需求

　　　　　　　　　　　　　　　　　　　教育及職業抱負

圖 2：羅吉斯的國家發展因果關係

---

[102] 同上，頁 200－201。

三、媒體與國際關係

　　自二十世紀六十年代以後，蘇聯提出與西方北約組織陣營進行和平共存的口號之後，為打破冷戰時期意識型態對立所造成資訊不夠自由流通的障礙，美國遂有記者倡議保障公民的「知情權利」（The right to know），於是制定資訊公開法就持續在歐美國家普及開來，而使用社會公共資訊資源的中介媒體就扮演政府與公眾之間的樞紐橋樑，它不但應該負起滿足公眾「知情權利」的社會責任，而且必須提供社會大眾公平機會來接近使用媒體（The right of Access to the media），以作為民眾資訊反饋與名譽回覆的重要途徑。

　　資訊自由流通決不等於放任媒介帝國主義（media imperialism）占據全球媒體、壟斷資訊的不平衡現象，例如美國的美聯社、合眾國際社、英國的路透社、法國的法新社、德國的德通社和前蘇聯的塔斯社多少代表中心強權的觀點與價值觀。於是聯合國教科文組織從 1977 年開始，成立一個國際傳播問題研究委員會（International Commission for the study of Communication Problems），宗旨在致力於建構國際資訊流通秩序與傳播新秩序（New World Information and Communications Order，NWICO）；1980 年該委員會提出「一個世界，多種聲音」（Many Voices, One World）研究報告，一般則以該會主席名之，亦即所謂的「麥克布萊德報告」（Macbride Report），它關心的是南半球國家之間的新聞流通（south-south flow of news）與南北半球國家之間的新聞流通（south-north flow of news），以增加新聞主角的多

元性。蘇聯結合第三世界主導的國際傳播新秩序，與美國主導的資訊流通理念不同，美國遂退出教科文組織，至今尚未返回該組織。蘇斯曼（Sussman, 1992）援引黑格爾的辯證法，他認為 1946 至 1976 年間，西方國家世界主控新聞資訊的時代為「舊秩序時代」（Old order）；而蘇聯領導的「國際資訊與傳播新秩序」是「舊的新秩序」（old 「new order」）；如今數據整合的資訊網路（ISDN）是一個嶄新的「新秩序」（New 「new order」）時代。[103]

---

[103] 同上，頁 209－214。

九　俄各級權威機關對媒體報導的限制

　　上個世紀的九十年代，也就是俄羅斯媒體轉型的關鍵時期，在俄羅斯境內普遍存在著政府權威機關對媒體專業行為進行經濟與行政上的影響，甚至以各種行政和經濟的手段干涉媒體專業的採訪報導行為，這種干涉主要是建立在政府已經失去了對於媒體的控制權之後，政府與媒體之間的衝突陡然上升，當時俄羅斯杜馬一直在籌劃出臺第二部新聞法，俄羅斯政府高層希望通過法律來化解政府與記者之間的矛盾，但當普京執政期間第二部新聞法出臺之後，俄羅斯高層發現政府與記者之間建立的潛規則似乎比新聞法更有效，由此可見，在社會的公民意識還沒有發展到一定程度時，新聞法基本不能發揮它基本的效力，但中國的讀者經常會好奇提出，既然新聞法無法達到它基本的效力，那為何俄羅斯還要制訂新聞法，而且是還制訂了兩部，作者在經過幾年的觀察之後發現，俄羅斯制訂新聞法的目的主要是給歐洲各國看，作為歐洲的成員，俄羅斯的政策更多的是關注歐洲國家的觀感與反映。

　　在俄羅斯政府放鬆媒體市場的管制之後，在一部極為放鬆的傳媒法規範之下，傳播領域中出現了新舊工作模式接軌的矛盾，意即在兩者在是否應該進行新聞檢查出現了認知差距。一部不符合俄羅斯立國初期的傳媒法，導致了俄羅斯政

府權威機關、媒體機構、媒體經營者與編輯部或是編輯與記
者之間的衝突，其大體可歸納為以下幾個方面。

一、設置媒體事先審查機制

　　影響媒體編輯部的編採自主權反映在事先審查上，例如
有些主管單位會要求編輯部可以報導的特定材料範圍，或是
取消已經準備付梓待印的報導。例如，一名烏裏揚諾夫的印
刷廠（ульяновская типография）經理，因為不滿定期報紙
《大新伯爾斯克報》（Град Симбирск）的內容，而拒絕印
刷該期報紙[104]。第二個例子是別爾斯克市，該市的文化與媒
體委員會（комитета по культуре и СМИ）規定要求《別勒
亞爾斯克新聞報》（Белоярские Новости）編輯部必須把每
期即將刊載的內容事先拿到該委員會審查，委員會確定該報
內容符合他們的標準之後才能出刊[105]。另一個例子是發生
在克拉斯亞爾斯克邊疆區（Красноярский край）的舒申斯
基區（Шушенский район），由於區領導不滿意電視節目
「統一時間」（Единовременное）的製作內容，在播出前夕
臨時命令停播該節目，甚至還拆除了該電視臺的轉播發射設

---

[104] Нарушение прав журналистов и прессы на территории СНГ в 1995
году, -Фонд защиты гласности, М.: «Права человека», 1996.（1995 年
的獨聯體境內記者權利與新聞違法情形）

[105] Нарушение прав журналистов и прессы на территории СНГ в 1995
году, -Фонд защиты гласности, М.: «Права человека», 1996.（1995 年的
獨聯體境內記者權利與新聞違法情形。莫斯科：人權出版社 1996 年出
版。）

備[106]。以上的例子說明了地區性媒體活動的艱難性，在媒體的經濟和技術設備上仰賴政府相關的權威機關的情形下，媒體人的專業性、自主性和尊嚴性都受到了違反法律行徑的摧殘，這是地區性媒體生存的寫照。

所以，地方政府機關長期以來都是自行其事於中央之外，選舉前夕對俄羅斯境內媒體的整合工作至關重要，這促使了俄中央政府近年來不斷完善中央機關對媒體的管理工作。地方各級政府單位利用自身權威權力的職權，傷害了媒體行使新聞自由的權利，這種個人行徑不但違反憲法與傳媒法禁止事前審查制度的規定，並且不尊重法律的結果直接影響損害了廣大閱聽眾獲取資訊的知情權利。

事前新聞審查制度是被《俄羅斯憲法》[107]與《傳媒法》[108]所禁止的，此外，根據俄《傳媒法》第四十九條關於記者權利的規定，為了保護記者的言論自由，記者可以拒絕發布沒有他個人的簽名或未經他本人確定同意的消息[109]。不論是政府機關或是與編輯部處於勞動合約關係的私人媒體經營者[110]，都無權

---

[106] Ежегодник Фонда защиты гласности（отчет за 1997 год），М.: «Права человека», 1998.（1997 年保護公開性基金會年鑒，莫斯科：人權出版社 1998 年出版。）

[107] Конституция РФ, статья 29, часть 5: гарантируется свобода массовой информации. Цензура запрещается. （俄羅斯憲法第二十九條第五款：保障大眾傳播自由，禁止檢查制度。）

[108] Закон о СМИ, стать 3: «Недопустимость цензуры». （傳媒法第三條：禁止檢查制度。）

[109] Закон о СМИ РФ, статья 47. «Права журналиста», п.10. （傳媒法第四十七條：記者權利）

[110] Закон о СМИ РФ, статья 18. «Статус учредителя».（傳媒法第十八

干涉記者以他自身名義與編輯部決定專業報導的內容，除非
法院做出相關的司法裁決。根據俄《傳媒法》規定，以任何
形式名目要求編輯部刊登或播出特定圖利某個人或單位的
材料以或是取消媒體準備出刊播出的報導之類的事前審查
制度，都構成違憲與侵害媒體權利[111]。因此，媒體可以針對
干涉媒體編採違法行為訴諸於法庭公平審判。

二、解除編輯與記者的職務

　　政府權威機關與媒體經營者對編輯部或總編輯對記者
的施壓方式之一就是開除他們，這是一種媒體機構內部的爭
鬥。記者對於這種來自媒體經營高層的施壓，通常不是忍氣
吞聲地按照指示辦事，要不然就是選擇離開媒體另謀高就。
然而，俄《傳媒法》第二十條規定，編輯與全體工作人員的
權利應該納入編輯部的規章當中，解除記者職務的要求必須
符合編輯與記者簽定的勞動合約關係中[112]。若以勞動關係的
角度而言，任何因為政治考量解除記者職務的動作，都是違
反《傳媒法》的規定，記者有權訴諸於法院申訴。

　　於 1993 年時，莫斯科薩維羅夫斯基人民法院
（Савеловский нородный суд Москвы）審理了一項訴訟

條：創辦者地位）

[111] Закон о СМИ РФ, статья 58. «Ответственность за ущемление свободы
массовой информации». （傳媒法第五十八條：損害大眾傳播自由的責
任）

[112] Закон о СМИ РФ, статья 20. «Устав редакции». См. «Правовое поле
журналиста». （傳媒法第二十條，編輯部章程。）

案，是關於《俄羅斯報》（Российская газета）副編輯與記者共同控訴總編輯一下子開除 70% 報社工作人員的案件[113]。當時評論者一般預料是政府與議會鬥爭造成內部記者立場壁壘分明的結果。這是 1987 年俄共政治改革造成 1991 年的「8‧19」事件導致俄羅斯完成了民主派與共產黨人爭奪國家領導權的鬥爭之後，另一個俄羅斯政府與議會爭鬥白熱化的一年。1993 年 4 月俄羅斯舉行全民公投的結果，五成以上的民眾支援葉利欽的改革，最後葉利欽於 10 月炮轟白宮，以武力解決了他本人與人民代表大會的僵持。當時《俄羅斯報》在政府與議會政爭之中扮演的是人民代表大會的喉舌，但在十月事件後就成為俄政府的戰利品。

　　另一個例子是關於俄中央政府於 1997 年 6 月時，當時任政府第一經濟副總理的丘拜斯（Чубайс），解除了《俄羅斯聯邦雜誌》（Российская Федерация）雜誌社總編輯赫列諾夫（Хренов）的職務，原因是該雜誌主張俄羅斯在二戰時從德國那裏取得的文化珍品應該歸還德國，關於文化珍品歸屬的問題惹惱了政府高層，還有該雜誌對於俄羅斯與世界銀行互動關係的報導，被認為是持反政府與反俄羅斯的異議立場，該雜誌社向當時政府總理切爾諾梅爾金（Черномырдин）抗議，結果總理下令封閉雜誌社停止繼續出刊[114]。

　　不過，俄羅斯傳媒法是主張尊重勞動合同的勞資關係。

---

[113] Газета Коммерсант-daily, 26 мая, 1993.（《生意人日報》，1993.5.26。）

[114] Ежегодник Фонда защиты гласности（отчет за 1997 год）, М.: «Права человека», 1998.（捍衛公開性基金會年鑑 1997 年，莫斯科：人權出版社。）

根據俄傳媒法第十九條規定，編輯部與所有者或創辦者的關
係是勞動合約關係，對編輯部的解職舉動必須合乎雙方締結
契約的約定規章，若非如此，任何來自所有者對編輯部人員
離職的要求，都是侵害編輯部擁有專業獨立精神的權利[115]。

三、拒絕印刷刊物

後蘇聯時期地方政權與媒體的關係反映在媒體依賴來
自政府的資金補助上，因此，90%以上的地區媒體的報導仍
表達某個政府權威或媒體經營者的觀點[116]。地方上報業經常
面臨的困難之一就是印刷廠以拖欠資金為由拒絕印刷刊物。

例如1997年11月3日切列姆霍夫印刷廠（Черемховская
типография）停止印刷《切列姆霍夫工人報》（Черемховский
рабочий），理由是報紙已經積欠印刷廠一年的債務[117]。俄
傳媒法《國家支援媒體與聯邦書籍出版法》，負責協調企業
私有化過程中保障憲法賦予民眾獲取資訊的知情權利[118]。俄

---

[115] Закон «О средствах массой информации» РФ, статья 19. «Статус
редакции». （傳媒法第十九條，編輯部地位。）

[116] Российские средства массовой информации, власть и капитал: к
вопросу о концентрации и прозрачности СМИ в России, М.: Центр
«Право и СМИ», 1999. - 80 с. - （Журналистика и право; Вып.18）.
（〈俄羅斯大眾傳播資訊、政權與資金：俄羅斯媒體康采恩與透明
化〉，莫斯科：立法與媒體中心，1999 年，第 80 頁。該文同時刊載
於《新聞學與立法》期刊第十八期。）

[117] Ежегодник Фонда защиты гласности（отчет за 1997 год），М.: «Права
человека», 1998. （保衛公開性基金會 1997 年年鑑，莫斯科：人權出
版社。）

[118] Закон «О государственной поддержке СМИ и книгоиздания РФ»,
принят Госдумой 18 октября 1995 г., одобрен Советом Федерации 15

羅斯《國家經濟補助地方報紙法》規定，不允許國家機關或地方主管機關干涉從聯邦預算撥出經費補助地方報紙的專業行為[119]。

四、停止媒體活動

　　停止媒體的舉措被自由民主派媒體人所憎恨，他們認為這是俄羅斯民主進程中媒體改革的污點，是任何媒體經營者和新聞從業人員所不能容忍的，更是追求民主自由精神的人民所深惡痛絕的。相較於兩百年前美國總統傑弗遜所說的，若要在報紙和政府兩者之間做選擇時，他寧願選擇報紙的情操；當時俄羅斯媒體人在受到西方自由思想理論的洗禮之下，普遍認為葉利欽在追求民主改革時的政府舉措讓人民感覺相當粗糙的。

　　1993 年 9 月 21 日葉利欽總統簽署 1400 號命令，下令禁止媒體活動，其中包括了《俄羅斯報》（Российская газета）、《俄羅斯司法報》（Юридическая газета России）、雜誌《人民代表》（Народный депутат）、《俄羅斯廣播電視──國會》（РТВ-парламент），同年 9 月 23 日出版與資訊部禁止印刷（Пресса）出版社印刷報紙[120]。1993 年政府與議會衝

ноября 1995 г..（國家支援媒體與出版法）

[119] Закон «О государственной поддержке СМИ и книгоиздания РФ», статья 7.Ответственность за нарушение настоящего Федерального закона. （國家支援媒體與出版法第七條：違反現行聯邦法責任）

[120] Преследование журналистов и прессы на территории бывшего СССР в 1993 году. М.: «Права человека», 1994.（追擊 1993 年前蘇聯境內記者和新聞，莫斯科人權出版社，1994 年。）

突中政府以禁止媒體活動的手段來掌控局勢，使得政府與媒體站在俄羅斯民主改革同一陣綫的合作關係下降至冰點[121]。然而，俄傳媒法第十六條規定，只有根據媒體經營者的決定，或是政府註冊機關經過提出訴訟程式，經過法院作出裁決後，才能停止媒體的活動。而媒體經營者要停止媒體事業也要根據經營者與逼編輯部的合約規定[122]。

看來葉利欽即使在民主法治的初步運行軌道中，個人的思維和行事風格，仍習慣以自己個人的權力凌駕於立法權之上，也由於他本人慣以行政手腕來化解政治中出現的困難，這也為俄羅斯政治與行政權威機關對立監督遠超過協調溝通埋下引爆點。可想而知的是俄羅斯政治體制在權術的操作與不尊重立法程式的亂象之下，導致整個社會都跟著動蕩不安，不但國家政策與建設置礙難行，而且外資不敢貿然大量與長期進入，民生經濟更是無從恢復起。因此，一部充滿西方自由民主思想的《傳媒法》，雖然極大限度地賦予媒體人權力，但是俄羅斯許多的政府公家機關的公務員根本不知道應該如何與記者交往，他們之間缺乏構通的衝突，就經常成為西方國家關注俄羅斯民主化發展的焦點。

[121] Согрин В. Политическая история современной России 1985-1994: от Горбачева до Ельцина. М.: Прогресс-Академия, 1994. С.157.（索格林，《1985 到 1994 年俄羅斯當代政治史：從戈巴契夫到葉利欽》，莫斯科：成果－科學院，1994 年，第 157 頁。）

[122] Закон о СМИ РФ, статья 16. «Прекращение и приостановление деятельности».（傳媒法第十六條：終止和暫停活動）

十　俄立法保障公共新聞

　　俄羅斯媒體轉型的過程主要由兩個方面：新聞的產出由國家新聞檢查轉向寡頭利用商業趨向進行控制，國家作最後的把關；在媒體管理方面，由國家經營轉為商業經營，最後俄羅斯媒體成為國家控股商業管理的模式。

　　二十世紀的九十年代是俄羅斯新聞傳播體系建立與形成的時期，西方實踐多年的新聞理論和傳播觀念開始在俄羅斯落地生根，其中關於俄羅斯媒體（特別是國營媒體）報導公眾事務的問題、媒體接近使用權和公民知情權的立法保障在政治體制轉軌過程中均逐漸受到重視，俄羅斯立法機關制訂了相關傳播法律，以填補前蘇聯時期新聞專門法付之闕如的現象。

一、公共新聞的立法特點

　　關於俄羅斯發展新聞自由的理念主要可由以下幾項立法得以確立施行，1991 年 12 月 27 日，人民議會通過了《大眾傳播媒體法》，該法是蘇聯解體後獨立的俄羅斯聯邦共和國頒佈運行的新聞傳播聯邦專門法案，其地位相當於俄羅斯新聞傳播領域中的小型憲法，《大眾傳播媒體法》第一條是大眾傳播自由，該條規定，在俄羅斯聯邦境內搜尋、獲得、製造、傳播資訊以及籌設大眾傳播媒體不應受到限制，除非其他關於傳播的相關聯邦法律規定不得違反之，此外，第二

條與第四條則明確規定禁止新聞檢查制度與濫用新聞傳播自由，《大眾傳播媒體法》顯示了當初俄羅斯改革新聞傳播活動與追求新聞自由的立法精神。

有關於保障傳播活動的規定還出現在新憲法和其他的聯邦法規之中。1993 年 12 月 20 日，俄中央選委會公佈投票結果，宣佈 12 月 12 日全民對憲法草案進行公投的結果，有 58.4％贊成、41.6％反對，12 月 25 日葉利欽總統簽署通過施行俄羅斯聯邦憲法，其第十三條承認意識形態多元化以及第二十九條確立了保障人民思想與言論自由的精神。1995 年 1 月 13 日及 2 月 20 日由葉利欽總統簽署生效施行立法機關通過的《國有媒體報導國家政權行為秩序法》和《關於資訊、資訊化與資訊保護法》，確立了媒體平等接近使用權和公民知情權的原則。其顯示俄羅斯規範與協調政府、媒體和公眾之間關係的具體措施。其中，《國有媒體報導國家政權行為秩序法》是俄羅斯政府走向民主法治國家中一項重要的傳播法案，這使俄羅斯政府在銜接共產媒體與資產媒體的轉型過程中，不至於讓政府政策陷入無法傳遞的困境中，一方面也能體現政府政策反應社會需求而初步嘗試，傳媒法是邁向透明化與法制化的必然產物。

俄《傳媒法》中關於自由與民主理論的引入，主要是建立在民眾對媒體接近與使用的自由程度而言，因此，俄羅斯自由民主派的媒體人認為，真正民主機制的政權必須要為民眾落實政治參與提供必要的條件，法制上確保與維護自由塑造社會輿論是人民自由行使政權的必要條件，也就是以立法的機制預防政治行為者利用媒體來操控社會輿論。保證自由

塑造輿論的形式包括制訂政府部門資訊公開的陽光法案，以確保公民獲取足夠關於政府機關、政黨和社會團體資訊的權利，達到滿足受眾關於切身利益的知曉權利；以及從法制上確保所有政治黨派和社會團體都有平等接近與使用媒體的機會，因為媒體接近權是廣大受眾反饋資訊與更正報導、恢復名譽的必要途徑。

俄羅斯立法中關於更正權的部分，俄羅斯聯邦法《大眾傳播媒體法》第四十三條（更正權）、第四十四條（更正秩序）、四十五條（拒絕更正的基本條件）和四十六條（答復權）都有相關的規定。此外，俄羅斯聯邦法《關於資訊、資訊化與資訊保護法》中第十二條（實現使用資訊資源的資訊接近權）、第十三條（保障提供資訊）、第十四條（公民與組織接近與其相關的資訊）、第二十四條（保護接近資訊的權利）都有關於接近媒體使用權的規定[123]。

1995 年 1 月 13 日由葉利欽總統簽署施行的聯邦法案《國有媒體報導國家政權行為秩序法》，其主要是負責協調國營媒體在傳播關於國家機關消息和資料時出現的問題。該法構成俄羅斯立法體系中重要的一環，是實踐民眾知情權和資訊接近權的具體法案，是俄羅斯政府邁向資訊公開化、體制法制化和民主化的必須作為。由於今日新聞媒體已經具有多種型態，影響力龐大，新聞自由多引申自言論自由與出版自由的概念，先進國家則以資訊公開法來要求政府機關公開會議

---

[123] Правовое поле журналиста. Настольная справочная книга. — М.: «Славянский диалог», 1997.（請參閱《記者法律總覽》，莫斯科：斯拉夫對話出版社，1997 年）

記錄，以保障記者的搜集資訊和採訪權利以及公民的知情權利。所以，轉型中的俄羅斯傳媒法是一部充滿自由化理想的法律，它並沒有真正使人民的自由意見得以完整體現，反倒是政治人物、媒體精英與媒體寡頭意見集中體現與爭執的地方，傳播自由使得這些人首先得到發言的話語權，影響著俄羅斯政局發展的輿論走向。

俄羅斯國會——杜馬於 1995 年 1 月 25 日通過《關於資訊、資訊化與資訊保護法》，同年 2 月 20 日由總統葉利欽簽署生效。俄國的《關於資訊、資訊化與資訊保護法》第二十四條（保護接近資訊的權利）第一款中就提及，拒絕公開信息或是提供使用者明顯錯誤的資訊可以向法院提出申訴進入司法訴訟程式，同時該條法律第三款規定，國家政權機關的領導人或是其他公職人員非法接近資訊或是違反資訊保護法的規定，就必須負起刑事或是行政法上的責任[124]。

在九十年代的轉型過程中，俄羅斯媒體已漸發展成為獨特的階層，具有獨立的編輯權和經營權，儘管如此，不論從媒體權威的樹立或是市場版圖的占領，媒體的存在來自於受眾的支援程度，亦即媒體的資訊內容必須與民眾的需求緊密結合，積極發揮以民為本的精神。然而，在市場競爭的機制之下，俄政府雖擺脫了媒體經營的盈虧負擔，但媒體對自然資源的取得，則仍有賴於媒體與政府機關和政治人物之間的一種亦敵亦友的戰略性夥伴的互動關係，媒體掌握了對公眾

---

[124] Правовое поле журналиста. Настольная справочная книга. — М.: «Славянский диалог», 1997, с. 233～234. (請參閱《記者法律總覽》，莫斯科：斯拉夫對話出版社，1997 年，第 233-234 頁。)

事務報導的主導權，政府機關或政治人物也無法完全操控媒體資訊內容的方向和尺度，政府與媒體之間產生的衝突有所增多，這有別於原蘇聯報業是具有完全黨性的機關和宣傳機制的獨特性。因此，九十年代是俄羅斯民眾、媒體和政府關於資訊處理關係建立的重要階段。

二、國有媒體報導公共事務的責任

俄政府相當注重國家廣播電視媒體在傳播領域中的主導地位，《國有媒體報導國家政權行為秩序法》正是保障國家廣播電視臺在宣傳政策的機制中佔據絕對的優勢。大眾傳播媒體（特別是國營媒體）報導國家政權活動與政黨行為，是保障社會大眾被告知關於公眾事務的權利，透明與公正的報導能夠讓民眾瞭解國家機關是否有確實保障公眾的利益以及政黨在國會殿堂中問政、審議法案的情況。因此，國家行政與立法等權威機關有責任告知民眾他們解決社會時弊的方案與途徑。

西方傳播學者戴逸區把政府與媒體之間的傳播鏈視為政府政策的神經中樞，他認為唯有將所有關於政治活動的傳播行為模式化，才能有效控制傳播[125]。此外，政治學家伊斯頓（David Easton）把政治環境看作是一個輸入（inputs）與輸出（outputs）迴圈性的政治系統，輸入是指被統治者對政府當局的要求或支援；輸出是指政府當局的決策、政策和服

---

[125] Deutsch, Karl. The Nerves of Government: Models of Political Communication and Control, New York：Free Press, 1963.

務，政治系統的持久性取決於統治者施政表現和被統治者支援度的關係[126]。伊斯頓認為，大眾傳播媒體是民眾與政府之間一個重要的管道，其所形成的渠道（channels）是政治系統中不可或缺的結構[127]。此外，歐洲學者布姆勒（Blumler）認為政府、法律、政黨、利益團體、社團機構、媒體組織、公眾之間的互動關係構成政治傳播的主體，呈現政府、媒體、受眾之間以及媒體組織內經營者、編輯、記者之間的三角關係[128]。

公共事務大抵上包含了政府所屬的公共部門及有關的活動，即包含政府機關、立法機構、司法單位及其各種政治過程。「公共新聞」是有關於公眾事務的報導，如何正確與客觀地報導「公共新聞」的確能夠影響大眾的權益，因此，專業的媒體記者確實掌握對公眾事務的瞭解，才能滿足閱聽眾的需求。

俄《傳媒法》第三十八條關於記者獲取資訊的資訊接近權利，要求國家機關與機構、社會公眾團體以及相關公職人員要提供媒體編輯部詢問工作事宜的消息，資訊提供方式可以召開新聞發佈會、記者招待會、發送資料冊與資料材料或

---

[126] Easton, D.. An Approach to the Analysis of Political System, New York: World Politics, 1953、A System Analysis of Political Life, New York: Wiley, 1965、A Framework for Political Analysis, N.J.: Prentice-Hall, 1965.

[127] Easton, David. A System Analysis of Political Life，New York: John Wiley & Son, 1967, p. 118．

[128] Blumler. Western European Perspectives on Political Communications: Structures and Dynanmics. European Journal of Communication, Vol.5, 1990., p. 261-284.

其他形式等等[129]。俄《傳媒法》三十九條諮詢資訊中提及，除了國家規定的機密而外，媒體編輯部有權詢問政府機關工作事宜的相關資訊[130]。若政府機關拒絕或延遲提供資訊，也必須一周或指定工作日內提供說明拒絕的原因，或是決定延遲提供資訊資料的日期，並且註明決定延遲的日期和主要負責決定者的主管姓名[131]。

　　俄《傳媒法》賦予媒體在監督政府政策上的主動權，不過，政府機關與媒體人的衝突就是來自於對傳媒法中關於傳播自由理解的差距。俄《傳媒法》中充滿了對於落實民主的保障，第一部《傳媒法》主要傳達的訊息就是，真正民主機制的政權必須要為民眾落實政治參與提供必要資訊來源的條件，有鑒於此，《俄羅斯聯邦憲法》第三十二條[132]為俄羅斯公民參與政治提供法制上的基礎。在民主法治的國家裏，全面且有效保障民眾知情權利有賴於大眾傳播媒體報導國

---

[129] Закон «О СМИ», статья 38. Право на получение информации. （傳媒法第三十八條：資訊接近權）

[130] Закон «О СМИ», статья 39. Запрос информации.（傳媒法第三十九條：資訊諮詢）

[131] Закон «О СМИ», статья 40.Отказ и отсрочка в представлении информации.（傳媒法第四十條：拒絕與延期提供資訊）

[132] 俄羅斯聯邦憲法第三十二條如下：
俄羅斯公民有直接或是透過代表參與管理國家事務之權利。
俄羅斯公民有選舉或被選舉進入國家與地方自治機關，同時參與全民公投之權利。
被法院宣告無行為能力者，以及被法院判決羈押喪失自由者與被褫奪公權者，沒有選舉和被選舉之權利。
俄羅斯公民有同等機會擔任國家公職。
俄羅斯公民有參與司法審判之權利。

家政權與政黨行為，以及媒體需具有維護政治多元化之公平且透明的機制。這是社會與國家民主發展進程中不可或缺的必要條件。換言之，若是民眾知的權利無法徹底地落實，那麼民眾參與管理國家事務的願望便無法實現，公民社會也就永遠不會到來。

《俄羅斯憲法》第三條[133]賦予公民行使政權的權利，法制上確保維護自由塑造社會輿論是人民自由行使政權的必要條件，也就是以立法的機制預防政治行為者利用媒體來操控社會輿論。保證自由塑造輿論的形式包括確保所有政治黨派和社會團體都有平等接近與使用媒體的機會，以及確保公民獲取足夠的關於政府機關、政黨和社會團體資訊的權利。

《俄羅斯憲法》第十三條第一款規定：在俄羅斯聯邦內承認意識形態的多元化。其憲法第二十九條中也提及禁止檢查制度，確保每一個人思想、言論和表達自由，以及每個人在合法範圍內自由搜集、獲取、傳遞、製造或散播資訊的權利。此外，關於民眾有權知道政府行為的部分，在俄羅斯聯邦法案《大眾傳播媒體法》第三十八條[134]中提及，公民有權

---

[133] 俄羅斯聯邦憲法第三條規定：
1.俄羅斯聯邦主權所有者與政權唯一的來源是她的多民族全體人民。
2.人民直接行使屬於自己的政權，以及透過國家政權機關和地方自治機關行使之。
3.全民公投和自由選舉是人民政權最直接的表達。
4.沒有人能夠在俄羅斯聯邦內侵佔政權。根據聯邦法，奪取政權或是侵佔政權的權力必須允以起訴追究。

[134] 《大眾傳播媒體法》第三十八條資訊接近權，屬於傳媒法第四章規範大眾傳播媒體與公民和組織之間關係的範疇。除了規定公民獲取關於政治行為資訊的基本權力之外，還強調政府機關、社會團體包括政黨

獲取正確客觀的資訊，以瞭解政府機關、社會團體、政黨及其任職人員的一切活動行為。而立法上確保公民獲取政府機關、社會團體和政黨資訊的落實機制，是於 1995 年 1 月 13 日由葉利欽總統簽署施行的聯邦法《國有媒體報導國家政權行為秩序法》。與此同時，《大眾傳播媒體法》中第二十一條也補充發行人在行使自己的權利和承擔應有責任時，必須以《國有媒體報導國家政權行為秩序法》為法律基礎。同時《大眾傳播媒體法》中第二十一條也獲得補充條文，即根據《國有媒體報導國家政權行為秩序法》，國有大眾傳播媒體必須刊登聯邦中央政府機關與地方自治主體機關的公告和資料。如此一來，政府與媒體和民眾之間的資訊傳遞與取得，基本上獲得了法律保障的依據。

　　然而，在俄羅斯立法體系中沒有規定媒體告知公民有關於政府機關活動正確客觀消息的應有責任，除了《國有媒體報導國家政權行為秩序法》第十一條中規定，以及在一九九五年通過施行的《關於俄羅斯公民選舉權的基本保障》和《俄羅斯聯邦公投法》，於 2002 年 5 月 22 日由杜馬合併通過、29 日聯邦議會同意，然後 6 月 12 日由總統普京簽署生效執行的新聯邦法《關於選舉權的基本保障與俄羅斯公民參加全民公投的權利》第四十五條第二、四、五條款中都規定，在競選宣傳期間，在媒體中刊播的材料內容應該要客觀、真實，不應該違反候選人、選舉團隊和選舉黨派公平競爭的原則。

以及相關人員，可以出版品、召開記者招待會或是散發宣導與統計資料等方式向媒體告知自己的行為活動。

　　《國有媒體報導國家政權行為秩序法》在協調關於政府機關活動報導時，基本上可有幾個範疇：第一，完全報導國家政權機關的行為，第二，國有媒體報導時必須確保政治多元化以及國會各黨派接近媒體使用的權利，第三，確保在國有電子媒體的新聞節目中的客觀性、真實性與公正性。

　　《國有媒體報導國家政權行為秩序法》第六條、第七條、第十一條中規定，關於報導國家機關行為的消息，國有媒體自行確定報導時間的長度或是版面篇幅的大小，但是，該法第六條中也規定到國有媒體必須報導的事務，其中包括了國家聯邦政權機關對人事職務的任命；關於進行全民公投的決定；國家杜馬選舉或解散；每年總統向國會發表的國情咨文；俄羅斯總統宣佈進入緊急或戰爭狀態的決定；國會決議彈劾總統辭職的相關舉動等。

　　《國有媒體報導國家政權行為秩序法》實際上為國家媒體的政策優先性鋪平道路，奠定國家電臺在自由市場競爭中的發展空間。在俄羅斯目前的傳播立法體系中，公民獲取政府資訊的權利仍未受到完全的保障。此外，資訊不平衡的問題也出現在媒體的競爭中，目前民營媒體與國有媒體在取得關於政府的資訊來源的管道方面並不平均，這也使得一旦在政府偏袒國有媒體的情況之下，民營媒體的政府與議會新聞資訊報導的市場競爭性大為減弱，因此，關於非國營媒體報導公眾關心的政府與議會議題的權利保障也應該受到重視。就俄羅斯立法部分可以在幾方面繼續得到發展與保障：

　　第一，由於國會是代表社會各個利益團體和組織爭取權益的立法機關，因此，在媒體接近使用的權利方面，也必要

確保國會中各黨團和政黨一周至少一次或兩次有機會獲取
免費使用國有電視媒體直播時間的權利。此外,在選舉投票
前的一個月到三個月期間,讓各政黨候選人有同等機會和時
間在電視媒體上曝光,藉此讓選民有足夠的資訊來認識候選
人的從政經歷、競選政見和人格特質等,以符合民主機制下
政治的多元化發展以及公民參政的有效落實。

第二,增加國有媒體現場直播報導聯邦議會和國家杜馬
工作的新聞,以強化政府工作的透明化,以及有助於民眾瞭
解政府工作的進度。這也符合俄羅斯聯邦法《國有媒體報導
國家政權行為秩序法》中規定每周議會新聞報導不得少於一
個半鐘頭的要求。

第三,確保聯邦國有電視媒體一個月至少一次轉播中央
或地方政府和議會工作報告與進度的權利,以確保民眾對於
事關切身利益的法案進行監督,也不至於增加國有媒體預算
上的沈重負擔。

第四,規定國有電視媒體有責任在新聞性和政論性節目
中,告知或討論公眾關心的議題以及各政黨的活動,確保政
黨的代表能夠獲取同等媒體接近使用的權利,例如讓他們在
電視節目中參與討論和辯論,或者接受媒體的採訪和訪問,
以確保政治多元化的發展與深耕。

第五,在《大眾傳播媒體法》中規定,在新聞節目內容
中,記者報導政府、政黨活動、社會利益團體要遵守公平、
正確和客觀的原則,並且主持人在政論性和分析性的節目中
必定要呈現和反映各種意見和觀點,而不特定偏好某個政黨
和政治人物,同時也讓各個政黨和團體有平等參加節目的權

利，不因媒體股份組成的比例，而影響媒體近用權的落實以及危害民眾接近使用媒體權利和對公眾事務知情的權利。

十一　蘇共政治方針決定媒體發展方向

在俄羅斯政治改革的歷史進程中，歐洲化與斯拉夫化化總是兩個永遠爭辯不停的問題。蘇聯的國家發展主要依靠兩個支柱：一個是吸引人的意識形態學說，另一個就是國家強制力。傳媒就在這兩個支柱下進行運作，所以說蘇聯的傳媒史基本上反映蘇維埃政權在意識形態與國家發展方向上的變遷。關於兩種意識形態學說的比較，社會主義國家強調達到比資本主義國家更高的勞動生產率達到更高的生活水平，列寧則比較傾向於和具體的國家進行比較，而不是與廣義上的資本主義，這在 1921 年列寧的《論新經濟政策》中有著具體的解釋。如果社會主義國家在與廣義上的資本主義國家進行比較的過程當中，必然陷入腹背受敵的尷尬境地，那麼，社會主義國家就難以吸收資本主義國家的成功經驗。在蘇共七十年的發展過程當中，基本上一直在是否遵循列寧所強調的國家發展方向的問題上反復。傳媒發展也受到這種發展的影響。

一、蘇維埃政權短暫的多黨報業時期

1917 年 10 月 25～26 日（俄曆 11 月 7-8 日），俄羅斯戰時臨時政府被推翻，彼得格勒無線電臺傳來《給俄羅斯公民》的宣言以及一些文件命令之類的講話，這是俄羅斯電臺首次扮演的不僅是通訊聯繫的角色，而且還是擔任全面傳

遞政治資訊的角色[135]。十月革命之後，布爾什維克黨形成一黨專政的政治體制，媒體成為黨鞏固意識形態與組織功能的工具，這是蘇聯媒體最主要的特色。

十月革命勝利後的第二天，臨時革命委員會查封 10 個最大的資產階級報刊包括《語言報》、《俄文字》、《俄羅斯意志》、《新時代》、《交易所公報》、《戈比》等等報刊。俄共（布）報刊包括《真理報》、《消息報》、《士兵真理報》、《農村貧困報》等分別進駐了這些被關閉的資產階級報刊的印刷場所。俄羅斯資產階級報業當然不同意臨時革命委員會違反出版自由的做法。對此，蘇維埃政府第三天立即出臺了一道出版命令，說明根據列寧的聲明必須在布爾什維克黨執政之後禁止資產階級報刊，授予無產階級出版自由的權利，強調取消不同思想的異議報刊是短暫的措施[136]。

一直到 1918 年初，各種社會主義報刊物仍陸續出版，包括 52 種孟什維克黨人刊物、31 種社會革命黨人和 6 種無政府主義者報刊[137]，不過仍持續遭到中央政府的壓制。1918 年 1 月，社會革命黨人之間出現了對德國合約簽訂的分歧意見，報紙成為社會革命黨人之間的爭論戰場。

---

[135] Основы радиожурналистики / Под ред. Э. багирова и Ружникова М., 1984 Гл. I. （巴各羅夫和魯日尼柯夫主編，《廣播新聞學基礎》第一章，1984 年。）

[136] Овсепян Р. История новейшей отечественной журналистики. М., МГУ,1999.С.39-40.（奧夫塞班，《最新祖國新聞學史》，1999 年，第 39-40 頁。）

[137] Овсепян Р. История советской журналистики. Первое деоятилетие оветсктй власти. М.,1991. С.75. （奧夫塞班，《蘇聯新聞學史》，蘇維埃政權第一個十年，1991 年，第 75 頁。）

　　左派社會革命黨人的報紙《人民政權報》刊登了與德國
簽和就是卑躬屈膝，以及會損害俄羅斯領土與財富的言論，
布哈林是其中的一名。列寧稱這些人為「左派的共產黨人」
和「冒險主義者」，並在《真理報》上發表〈關於革命談話〉、
〈關於痔瘡〉、〈不幸的世界〉、〈奇怪的人與怪物〉等文
章，表達必須與德國簽訂停戰合約的想法。1918 年 2 月 22
日，彼得格勒廣播電臺發佈了一道蘇維埃政府題為《社會主
義祖國陷入險境》的命令，強調簽訂和約換取和平的緊迫
性。1918 年 3 月 3 日，俄德終於簽署停戰協定，《真理報》
報導了這一消息，並且批評「左派的共產黨人」攻擊布爾什
維克黨的錯誤行為。同年 3 月 18 日，蘇維埃人民委員會頒
佈命令壓制資產階級報刊。3 月 20 日，俄共中央查封了《共
產黨人報》，這一動作加深了布爾什維克黨和左派的社會革
命黨人之間的敵對情緒。《真理報》、《消息報》以及其他
俄共（布）黨報開始出現一系列批判孟什維克黨和社會革命
黨人的言論[138]。

　　1918 年 3 月，蘇維埃政權將政府遷到莫斯科市之後開
始強化報刊的整頓舉措。在列寧的指示之下，俄共中央執委
會確定了《真理報》的新編輯團隊，列寧原本要解除布哈林
的編輯職務，但沒有獲得俄共中央執委會的支援，史達林此
時進入了《真理報》的編輯團隊；《工人和農民臨時政府報》
被停刊；《消息報》成為完全的中央機關報；《士兵真理報》、

---

[138] Овсепян Р. История новейшей отечественной журналистики. М.,
МГУ,1999.C.45-47.（奧夫塞班，《最新祖國新聞學史》，1999 年，第
45-47 頁。）

《農村真理報》、《農村貧困報》被合併成為《貧農報》，內容主要刊登與農村有關的事情，《貧農報》服務的讀者是教育程度很低的農民，因此，報導內容力求簡單且字體很大，這吸引了大量的農民讀者，發行量自 1918 年 11 月的 35 萬份上升到 1920 年時的 75 萬份[139]。

　　從 1917 年至 1918 年，報刊是社會各黨派之間的政策論戰的角力場，對德政策的不一致引發了各黨之間的激烈思想論戰，最終由於執政黨布爾什維克黨堅持無產階級專政的態度，不容許其他社會主義革命黨人異議思想的爭辯，最終俄共（布）以查封反對黨報業的強制手段結束了蘇維埃政權短暫的多黨報業存在的狀態。為了組成蘇維埃政權的聯盟國家，俄共（布）決定採取能夠貫徹領導決策的傳媒體系，二十年代的蘇聯媒體由原本多民族、多黨特色區隔的傳媒體系被建構成總體統一型態的思想組織。

二、內戰期間一黨化傳媒體系的建構

　　1918 年 7 月，由外國政府支援的白軍發動了公民戰爭，當時布爾什維克黨報刊的首要任務就是組織群眾對抗敵人。此間，在中央持續壓制資產階級報業的勢頭之下，右派社會革命黨人的報刊逐漸倒戈，逐步形成了俄羅斯蘇維埃報業的結構。

---

[139] Овсепян Р. История новейшей отечественной журналистики. М., МГУ,1999. С.42-43.（奧夫塞班，《最新祖國新聞學史》，1999 年，第 42-43 頁。）

1918 年初，全國一共有 154 家孟什維克黨、左派和右派社會革命黨人以及無政府主義者的報刊，到了 9 月剩下了 50 家，最後到了 1919 年總共僅存 3 家，反對布爾什維克黨的報刊消失殆盡。布爾什維克黨遂於 1918 年開始積極在全國發展，布爾什維克黨報刊的類型有《黨報》、《蘇維埃機關報》、《軍事報》、《農民報》、《青年報》、《經濟報》等等，各類報刊都要負責執行布爾什維克黨政權推行的各項政策。1918 年 11 月 6 日出刊的《經濟生活》日報被視為中央執行經濟政策的最有力的宣傳工具。1918 年 11 月 9 日出刊的《民族生活》周報，則負責報導蘇維埃政權關於民族政策的文件。自 1918 年至 1920 年期間，布爾什維克黨開始建立地方性蘇維埃報刊，最終形成的蘇維埃政權報刊網路取代了資產階級報刊留下的空間[140]。

在內戰期間，國際宣傳工作是布爾什維克黨報刊最重要的任務。1918 年 11 月出刊的《公社報》在彼得格勒發行，一直到 1919 年底《公社報》都以多種國際語言在各地方發行，從 1918 年到 1920 年期間，大約有 100 種刊物包括以 13 種語言和小冊子的形式發行。在內戰期間蘇維埃政權的報業持續成長。

此外，廣播電臺在內戰期間負擔了戰情報導，以及聯繫中央政府與地方政府進行政策通告的重要任務。1918 年 7 月 19 日，蘇維埃人民委員會通過一項決議，關於廣播技術

---

[140] Овсепян Р. История новейшей отечественной журналистики. М., МГУ,1999. C.48-50.（奧夫塞班，《最新祖國新聞學史》，1999 年，第 48-50 頁。）

事務中央化的命令，根據這項命令，政府開始建立國家廣播技術網路的工作，由人民郵政與電信部負責執行這項工作。1920 年 3 月 1 日，根據工農國防委員會特別命令，在莫斯科沙伯羅夫斯基大街設立了莫斯科電臺，這加強了中央與地方以及和國外政府之間的資訊聯繫[141]。

另外，在俄羅斯蘇維埃政權的傳媒體系中扮演相當重要角色的就是俄羅斯通訊社[142]，它是根據 1918 年 9 月 7 日的最高中央執行委員會主席團命令，在彼得格勒通訊社和俄羅斯蘇維埃聯邦社會主義共和國出版局的基礎之上創建，俄羅斯通訊社執行的任務包括保障定期刊物出版、保障報導前線和後方勞動人民的英雄事迹，以及傳達黨和政府的命令等。俄羅斯通訊社作為中央資訊機關與最大的出版機關，出版了各種新形式的刊物，形成了蘇維埃政權在各地宣傳與組織的出版網路[143]。

1918 年 3 月，《消息報》總部隨著蘇維埃政府遷到莫斯科，在內戰前期間，《消息報》刊登了一系列振奮紅軍士氣和攻擊白軍對抗列寧政府的文章，例如題為〈紅軍前線〉、〈糧產〉、〈工人生活〉、〈國外〉等，消息報有一個專門

---

[141] 同上，1999 年，第 52-53 頁。

[142] О Российском телеграфном агентстве（POCTA）. Постановление Президиума ВЦИК. 7 сентября 1918г. // О партий и советской печати, радиовещвнии и телевидении. М., 1972. C.62-63. （關於俄羅斯通訊社，最高中央執行委員會主席團命令，1918 年 9 月 7 日。//《關於黨和蘇維埃出版、廣播與電視》，1972 年，第 62-63 頁。）

[143] Овсепян P. История новейшей отечественной журналистики. М., МГУ,1999. C.53-54. （奧夫塞班，《最新祖國新聞學史》，1999 年，第 53-54 頁。）

的部門叫做「政府命令與行為」，負責在報紙上解釋政府的最新政策，此外，消息報也報導和解釋蘇維埃政府與外國政府的外交政策，所以，《消息報》在內戰期間扮演了相當重要的政府喉舌的角色[144]。

自 1918 年 7 月至 1920 年期間，由於紅軍政府對抗白軍反叛的內戰關係，蘇維埃政權逐漸將傳媒體系的組織網路從中央建立到地方。不論是中央的《真理報》、《消息報》，還是莫斯科廣播電臺與俄羅斯通訊社，都發揮了它們戰時傳達政令、強化意識形態和激勵士氣的作用。俄共（布）在1918 年至 1920 年間三屆的蘇維埃新聞記者大會上，都確立了蘇維埃政黨傳媒系統的方針，隨著內戰結束蘇聯傳媒發展從此進入一黨化時期。

三、列寧新經濟政策時期的傳媒發展

第一次危機發生在 1921 年。自 1918 年至 1920 年的內戰徹底改變了俄共（布）在俄羅斯政權結構中的整體面貌，反對黨與多黨體系被消滅了，形成俄共（布）一黨專政的政治結構，所有政府機關、大眾社會團體、工會、公司組織都歸俄共（布）管轄，形成了所謂的戰時的「軍事共產主義」垂直管理系統。但是這個俄羅斯蘇維埃政權在內戰期間實行的「軍事共產主義」系統，卻在 1920 年底陷入了政治、經濟與社會的全面性危機[145]。

---

[144] 同上，1999 年，第 55 頁。
[145] Наше Отечество. Опыт политичекой истории. T.2. M., 1991.C.

　　另一方面，俄羅斯蘇維埃政權最大的社會危機，主要是
伴隨著「軍事共產主義」體制之下所實行的餘糧收集制。緊
急委員會機關對農村強制性徵收餘糧造成了民怨沸騰，尤其
是各地緊急委員會對農民施以暴力恐怖手段都是當時社會
爆發危機的原因。關於緊急委員會暴力的描述在許多刊物中
都有報導。例如 1920 年 10 月《真理報》當中一期的報導寫
著：「伏爾加格勒區的尼古拉耶夫緊急委員會強制徵收農民
的餘糧，用拳頭鎮壓反抗的農民，……把農民關進冷冰冰的
倉庫，脫光衣服並且有鞭條抽打……。」同樣的報導也出現
在 1921 年的其他刊物中，像是《俄羅斯意志》、《公共事
務》、《最新消息》等報刊[146]。

　　俄共報刊對餘糧收集制所引發的暴動多有報導，這引起
了列寧的注意，決定解除「軍事共產主義」，向新的經濟政
策轉軌，以振興農村經濟的復蘇，新經濟政策的方針首先在
1921 年 3 月黨的第十屆會議上提出。當然這引起了黨內對
手的強烈反對，列寧的主張被對方視為背棄革命的理想，不
過也有如《真理報》等發出冷靜的聲音，支援列寧新經濟政
策中以自然稅收的方式取代餘糧徵收制，促使農村經濟從戰
時的破壞當中逐步恢復[147]。

164-209.（《我們的祖國，政治史經驗》第二冊，1991 年，第 164-209
頁。）

[146] Овсепян Р. История новейшей отечественной журналистики. М.,
МГУ,1999. C.59.（奧夫塞班，《最新祖國新聞學史》，1999 年，第 59
頁。）

[147] 同上，1999 年，第 59-60 頁。

　　列寧自 1921 年起開始實施新經濟政策並修改了自己的學說，此後，黨的威信提高了，國家政權也得到了鞏固。1921年 10 月 17 日下午，列寧在全俄羅斯政治教育委員會第二次代表大會做出會議報告，出席大會的共有 307 名代表，其中有表決權的代表 193 名，有發言權的代表有 114 名。列寧當選為大會的名譽主席，代表大會的主要任務是批准 1922 年的工作計劃，制定在新經濟政策條件下展開群眾鼓動工作的方式和方法。

　　在大會上列寧提出蘇維埃政權在建立的過程中共產黨的角色已經開始轉變，共產黨人在奪取政權之後如何保衛蘇維埃政權成為首要任務，俄羅斯共產黨應當儘快利用當前的有利形勢儘快實施新政策。所謂新經濟政策就是以實物稅代替餘糧收集制，這在很大程度上是部分恢復資本主義的市場經濟。例如同外國資本家簽訂租讓合同，把企業租給私人資本家，這些都是直接恢復資本主義，是重新經濟政策的根萌發出來的[148]。

　　列寧在報告中提出，誰將取得勝利，是資本家還是蘇維埃政權的問題，列寧並沒有給出答案，他只是提出讓國家經濟發展來說明問題。俄羅斯共產黨同時還要採取新的方法加強政治教育，共產黨員自己最大的敵人主要有三個：（一）共產黨員的狂妄自大，（二）文盲，（三）貪污受賄。蘇共中央在發展中最大的敵人是自己，而不是其他人。直到現在

---

[148] 《列寧論新經濟政策》，中共中央著作編譯局編，人民出版社，第 96－116 頁，2001 年 3 月第 3 版。

俄羅斯的新聞學者還懷念當時列寧對現實進行的實事求是的分析，列寧的新經濟政策是在蘇聯解體之後莫斯科國立大學新聞系許多教授研究的重點，主要側重在蘇聯媒體如何協調軍事鬥爭和經濟、文化發展而保衛蘇維埃政權。

十月革命勝利後，列寧不僅是俄國共產黨（布），而且是第一個新生的社會主義國家的主要領導人，從社會主義建設的需要出發，他十分重視報刊工作和廣播電臺的創辦，把這些工作作為一項國家的重大事業。這是他在 1918 年 3 月《蘇維埃政權的當前任務》中集中論證，並在後來的幾年裏反覆闡述的一個觀念：「報刊應該成為社會主義建設的工具[149]」。

1918 年 9 月列寧在《論我們報紙的性質》中提到，現在我們老一套的政治鼓動，即政治空談，所占的篇幅太多了，而新生活的建設，建設中的種種事實，所占的篇幅太少了。報紙現在應當少談些政治，因為政治已經完全明朗化了，它已歸結為兩個陣營的鬥爭，即無產階級和一小撮奴隸主資本家的鬥爭；多談一些經濟，這裏的經濟不只是泛泛議論、學究式的評論、書生式的計劃以及諸如此類的空話，我們需要的經濟是指搜集並周密地審核和研究新生活的實際建設中的各種事實[150]。看來列寧在十月革命之後就已經意識到蘇聯媒體在發展過程中已經呈現出過度政治化的傾向。少談政治，多談些經濟，這成為列寧為黨和蘇維埃報刊成為社會主義建設的工具而最早向全國和報刊工作者提出的要求。

---

[149] 《列寧全集》中文第二版 34 卷 172 頁，人民出版社 1985 年版。

[150] 《列寧全集》第 35 卷，人民出版社，1985 年第二版，轉引自童兵《馬克思主義新聞經典教程》，復旦大學出版社，2002 年第一版。

　　二十世紀初，世界各主要國家都在研製用於通訊和廣播的無線電技術。關於無線電廣播的任務，列寧在多封信件中論述過。1921 年 9 月 2 日，他致信俄羅斯聯邦郵電人民委員，他寫道，「此事對我們來說（特別是對於東部的宣傳工作）是非常重要的。在這件事情上拖延或怠惰就是犯罪。」1922 年 1 月 2 日，他在無線電實驗室申請撥款的報告上寫道：要注意到它已經做出的巨大貢獻和它在最近的將來在軍事和宣傳方面能給我們帶來的巨大好處。1922 年 5 月 11 日，他在給俄羅斯聯邦郵電人民委員的信中，再次重覆了無線電廣播對宣傳的意義，他寫道：「這項工作對我們具有極其重要的意義，因為如果試製成功，將會給宣傳鼓動工作帶來極大好處。」八天後，列寧致信當時主持黨務的總書記史達林：「我想，無論是宣傳和鼓動，特別是對沒有文化的居民群眾進行宣傳和鼓動，還是就轉播講座來說，實行這個計劃都是絕對必要的[151]。」

　　1921 年 2 月《勞動報》就是在這樣經濟轉軌的過程中誕生，《勞動報》鎖定的物件是廣大農村的勞動人民，《勞動報》不但要切實反映農村真實的問題給上層領導，還要為新經濟政策的實施向廣大農村的勞動人民做出宣傳與解釋。因此，內戰後媒體的發展受到政府的高度關注，1921年 10 月在莫斯科就為此創辦了莫斯科國立新聞學院，負責培養新聞幹部，以解決新聞人才短缺和素質不齊的狀況。但

---

[151] 陳力丹，《再論列寧十月革命後的新聞思想》，http://ruanzixiao.myrice.com/zllnsygmhdxwsx.htm。

是到了 1922 年媒體運作的危機並沒有解除，因為關於新經濟政策的報導材料嚴重短缺，造成了報導內容經常重覆以前舊聞的情況，報刊報導政策宣導的時效性嚴重滯後，有時記者還不願意反映真實的狀況，再加上新聞記者不瞭解新經濟政策的真正涵義，就這樣，媒體這種上下脫節的窘境使得媒體自身的威信大大地降低[152]。

對於政權危機與新經濟改革政策的困境，列寧在 1922 年 3 月俄共（布）黨的 11 屆大會上提出批判社會革命黨人並且處死孟什維克黨人等反革命的恐怖分子。報刊上出現了相關標語「消滅工人階級叛徒」、「處死革命的敵人」、「處死投機主義者」等等。因此法院做出了一系列處決判刑的名單。這引起了世界文壇與科學界人士的抗議，高爾基也是其中一名反對者。此外，200 名無黨籍的知識份子紛紛發表抗議聲明，包括了哲學家、詩人貝爾加耶夫[153]、社會學家索羅金、作家奧索爾金與其他知名的社會人士。其中標誌性事件就是高爾基因抗議還被流放[154]。黨內的鬥爭氣氛讓蘇維埃報業的惡化現象，一直到新經濟政策中開放部分私有媒體產業時才得到一些。新經濟政策推動的一年期間，在莫斯科有 220 家私人報刊媒體註冊登記，在彼得格勒則有 99 家[155]。

---

[152] Овсепян Р. История новейшей отечественной журналистики. М., МГУ,1999. С.60-61. （奧夫塞班，《最新祖國新聞學史》，1999 年，第 60-61 頁。）

[153] Бердяев Н. Судьбы России. // Литературная газета. 1990,12,5. （貝爾加耶夫，《俄羅斯的命運》，文學報，1990 年 12 月 5 日。）

[154] Незвисимая газета 1992,8,4. 獨立報，1992 年 8 月 4 日。

[155] Овсепян Р. История новейшей отечественной журналистики. М.,

　　這時期的報業發展有幾股方向。其一就是懷念君主主義制度的保守主義報刊，它以斯圖維的雜誌《俄羅斯思維》為代表，還有《雙頭鷹》與《即將來臨的俄羅斯》刊物。其二就是溫和的實際主義派，代表人物是米留柯夫，主張結合社會革命黨人中的左派和右派從白軍失敗中站起來，其中代表報刊為《最新新聞》日報和《日子》周刊，這成為了俄羅斯海外移民表達意見的平臺。其三就是循規蹈矩派，代表人物是烏斯特廖羅夫，表達了報業在時代當中轉變的思想，其中代表報刊為《生活新聞》、《道路》、《新道路》、《里程碑轉變》、《前夕》等等。這一派新聞人又各自結合俄羅斯精神和蘇維埃精神中的愛國主義信仰[156]。

　　1924 年 1 月 1 日，為配合戒嚴體制的軍事改革，出版了《紅星報》。1924 年的報業的經濟來源普遍出了問題，因此俄共（布）在 1924 年 3 月的第 13 屆大會上通過一道命令，就是每一位共產黨員都要訂黨報，每十戶農家需要訂一份黨報。到了 1925 年，589 種報刊中農村報刊仍是重點，全國蘇維埃報刊大約有 300 萬訂戶，141 種農民報刊，76 種工人報刊，72 種共青團報刊，17 種軍事報刊等等[157]。

　　在蘇維埃報刊發展的第一個十年當中，從短暫的多黨報刊、俄共極力發展一黨報刊到列寧新經濟政策短暫放寬的私有化報刊過程中，蘇維埃黨報刊體系最終仍發展成為具有社

МГУ,1999. С.62.（奧夫塞班，《最新祖國新聞學史》，1999 年，第 62 頁。）

[156] 同上，1999 年，第 63 頁。

[157] 同上，1999 年，第 65-68 頁。

會主義特色的報刊制度，這不得不說與它處在政治改革大環境之下有關。在這裏我們看見蘇共報刊的演變，可以說蘇維埃報刊的發展重點反映當時貫徹黨的政策思想的歷史進程。

四、史達林時期的傳媒發展

第二次危機是從 1928 年的政治改革開始的，持續了 5年。此時富農又開始被當作「階級」而遭到草率的消滅，剩餘的農民被迫聯合成立集體農莊，這個工作是在黨和國家的嚴格監督下執行的。在集體化過程當中，政治動機是主要的，經濟動機則被完全忽略，這是與列寧的新經濟政策最大的不同。那些反對集體化的部分貧苦農民也遭到了鎮壓。最後幾年恐怖擴大到黨本身、軍隊和國家幹部。黨內禁止任何派別活動，意識形態學說在 30 年代重新做出了修改，當時意識形態學說希望建立在改善生活的許諾基礎之上，最後演變成為史達林建立個人崇拜的工具。當時大多數的蘇聯公民都支援了這樣的意識形態。當時政權的主要支柱是國家官僚的特權階層、鐵的紀律和完全服從上級的原則上組織起來的官僚體系。這基本上具有一個極權社會的特徵，但它在更大的程度上是依附在社會主義的標誌下，成為社會主義和黨的負擔，衛國戰爭的勝利只是更加鞏固了這一制度，它一直延續到蘇聯解體。

此外，這個時期的傳媒發展可以分為幾個階段來看，第一個階段是二十年代末到三十年代階段，第二個階段是 1939年到 1945 年，第三個階段是 1946 年 1956 年。對於二十年

代末到三十年代傳媒發展的評價比較莫衷一是[158]，主要原因可能是對史達林個人集權的看法不一。

在第一個階段，如果單從報刊的專業類型而言，這個時期中央經濟類報刊加強在地方上的分支發展是最重要的發展趨勢，新發刊的報紙有：《農業報》、《社會主義耕作報》、《發展食品工業報》。30 年代國內報刊著重在發行工人與工業類型的報刊，包括《貿易工業報》、《建築報》、《輕工業報》、《林業報》等等。在許多刊物中經常出現如下的標題：《專業生活》、《追求高勞動生產》、《技術革新》、《勞動與紀律》、《工人日常習慣》、《經驗交換》、《編輯信箱》、《讀者談自己的報紙》等等。到了 1937 年，蘇聯國內已經出版了 8521 種報刊，訂戶達到 9620 萬，在全蘇聯加盟共和國內同時發行的有 2500 種報刊[159]。

第二個階段是 1939 年到 1945 年。這個時期的傳媒發展與納粹德國的入侵有關。在戰前蘇聯媒體開始對工人、農民與知識份子進行大量的思想動員。1939 年到 1940 年期間，

---

[158] Ингулов С. Реконструктивный период и задачи печати. М., 1930. Иванов Р. Партийная и советская печать в годы второй пятилетки. М., 1961. Исмагилов М. Печать и производственная пропаганда: исторический опыт, традиции проблемы перестроечного периода (Формирование и развитие экономической прессы в годы первых пятилеток), 1991 и другие. (印古洛夫，《重建時期與報刊任務》，1930。伊凡諾夫，《第二個五年時期的黨與蘇維埃報刊》，1961 年。伊斯馬革洛夫，《報刊與生產宣傳：歷史經驗、重建時期的傳統問題（形成與發展第一個五年經濟報業）》。)

[159] Овсепян Р. История новейшей отечественной журналистики. М., МГУ,1999. С.84-111. (奧夫塞班，《最新祖國新聞學史》，1999 年，第 84-111 頁。)

中央報刊包括《真理報》、《紅星報》、《共青真理報》等
都進行了內部編輯部的整頓，出現了許多新的組織，其中最
重要的就是宣傳組的增設[160]。

　　1940 年的報刊數量比 1937 年增加了接近 300 種，達到了
8806 種報刊，零售報數量則由 3620 萬增加到 3840 萬份[161]。
中央廣播電臺兩檔節目在 1940 年時每天平均要播放 64.3 個
小時，其中一台 23 個小時針對國外聽眾播放的節目[162]。1941
年 6 月 22 日中午 12 點，中央廣播電臺報導了德國攻擊蘇聯
的消息，電臺首先要播報 45 分鐘政府所發表的聲明，然後開
始播報前線戰況。從此蘇聯人民便開始從早到晚關注廣播電
臺所傳回來的最新戰情。1941 年 6 月 24 日，蘇聯資訊局創
設，蘇聯資訊局每天要做 2000 次戰情彙報[163]。在前線採訪的
特派記者是來自中央與塔斯社的報刊，可以在前線採訪的媒
體有蘇聯資訊局、塔斯社、《真理報》、《消息報》、《紅
星報》、《紅色前線》、《共青團真理報》等[164]。

---

[160] Овсепян Р. История новейшей отечественной журналистики. М., МГУ,1999. С.113-114.（奧夫塞班，《最新祖國新聞學史》，1999 年，第 113-114 頁。）

[161] Печать СССР за 50 лет. Статистические очерки. М.,1967. С.190.（蘇聯報刊 50 年，統計概要，1967，第 190 頁。）

[162] Глейзер М. Радио и телевдение в СССР. Даты и факты （1917-1986）.М., 1989.C.54-55. （格列則爾，《蘇聯廣播電視》，日期與事實（1917-1986），1989 年，第 54-55 頁。）

[163] Овсепян Р. История новейшей отечественной журналистики. М., МГУ,1999. С.114-117.（奧夫塞班，《最新祖國新聞學史》，1999 年，第 114-117 頁。）

[164] Бурков Б. "Комсомолка"в шинели. М.,1975. （布林柯夫，《穿上軍衣的女共青團員》，1975 年。）

　　僅僅在 1942 年當中，軍中就發行了 22 種以蘇聯加盟共和國主要民族語言印製的報刊，在衛國戰爭中一共發行了 64 種報刊，以團結蘇聯軍隊與提升士氣。此外，在衛國戰爭中蘇聯軍方一共發行了 20 種雜誌，包括《紅軍鼓動者與宣傳者》、《鼓動者活頁本》、《文藝雜誌》、《紅軍》、《前線圖解》、《炮兵雜誌》、《裝甲車隊雜誌》、《軍事工程雜誌》、《紅軍通訊》等等[165]。

　　總體而言，衛國戰爭期間媒體的報導方向，主要集中在蘇聯軍隊的戰況、前線作戰與後方抗敵的英雄事迹、蘇聯軍隊在歐洲領土作戰，以及對抗德國入侵獲得光榮勝利的內容等等。蘇聯人民為了保衛祖國而在報刊上發表各種愛國文章與評論，表達了捍衛祖國的勇氣與決心，這一部分媒體發展時期極大地豐富了這一時期蘇聯報刊的內容形式[166]。

　　第三個階段是 1946 年～1956 年。戰後史達林政權繼續強化傳媒的意識形態的宣傳功能，將人民的注意力轉往戰後經濟復甦的建設工作上去。戰後蘇聯媒體又進入了一個重建發展的時期。

　　蘇聯媒體在戰後首先面臨的是生產設備的匱乏、紙張的短缺和新聞人員的不足等等問題。地方報紙在戰後陷入壓縮版面的窘境，例如《真理報》的城市版與社區版兩版縮減為

---

[165] Овсепян Р. История новейшей отечественной журналистики. М., МГУ,1999. C.119.（奧夫塞班，《最新祖國新聞學史》，1999 年，第 119 頁。）

[166] Овсепян Р. История новейшей отечественной журналистики. М., МГУ,1999.C.138.（奧夫塞班，《最新祖國新聞學史》，1999 年，第 138 頁。）

半個版面。與此同時，新一批的報業得到創建，地方報業為因應宣傳戰後經濟復甦工作的需求又新發行一些報刊雜誌，比如《建築材料工業報》、《水運報》、《文化與生活》、《追求永久和平報》、《追求人民民主報》、《和平與社會主義的問題》雜誌等。此外民族語言報刊也有發展，例如薩哈林的朝鮮文報《根據列寧的道路》、在摩爾多瓦共和國以摩爾多瓦與出版的《鄉村生活》等等。其中蘇聯報業中最重要意識形態宣傳的工作，是由全俄共（布）中央執行委員會宣傳鼓動部發行的《文化與生活》擔任，該報刊登的相關命令是報刊機關與其他意識形態機構所必須要知道與執行的[167]。

戰後電視發展成為蘇聯媒體發展的重點。1949 年 6 月 29 日，蘇聯電視第一次在戶外轉播了迪納摩體育館舉辦的一場足球賽。1951 年 3 月 22 日，蘇聯部級委員會頒佈一項製作莫斯科每日播放電視節目的命令，為此，1954 年夏天，在中央電視臺攝影棚內舉行了好幾次編輯會議，這裏首度出現了第一批專業的電視記者。他們的首要任務就是製作第一批蘇聯紀錄片[168]。

蘇聯傳媒參與國際事務是蘇聯戰後重建最重要的任務。此時蘇聯國家通訊社——塔斯社就扮演舉足輕重的角色。不論遠東、歐洲、亞洲之一都有塔斯社的通訊網絡，負責報導這些地方戰後政治與經濟改革的情況，擔任蘇聯

---

[167] 同上，1999 年，第 140-141 頁。

[168] Глейзер М. Радио и телевдение в СССР. Даты и факты（1917-1986）.М., 1989.C.70.（格列則爾，《蘇聯廣播電視》，日期與事實（1917-1986），1989 年，第 70 頁。）

在外重要的情報耳目。與此同時，《真理報》、《消息報》
以及中央其他報刊也都將國際議題擺上報導的議事日程當
中。國際議題成為蘇聯媒體關注戰後經濟復甦以外的另一
個重要方向[169]。

五、赫魯雪夫的新憲法革新與傳媒角色

　　第三次政治改革開始於 1953 年史達林死後，也持續了
5 年。這次危機是依靠對農民、工人、職員和知識份子的許
多讓步來解決的。在二十世紀五十年代人民的生活狀況明顯
改善，經濟高速發展，以至某些經濟學家認為 50 年代是蘇
聯國民經濟史上最成功的年代，蘇聯的國民生產總值在 1951
年至 1960 年間增長了 1.5 倍。蘇共的意識形態學說的實質
性變化是在黨的第二十次和第二十二次代表大會上。

　　代表大會認為蘇聯國家生活已經開始出現社會主義的
特點，並且提出了蘇聯建設共產主義社會的方針。六十年
代，政府只對這個方針做出一小部分的修正，七十年代當蘇
聯的經濟的發展開始明顯放緩時，蘇聯的意識形態的指導政
策未能及時做出相應的改變，同時國家未能有效地利用已經
出現的科技革命契機，導致蘇聯與發達資本主義國家差距擴
大，同時政府不適當地增加軍費開支，掏空了經濟。此時，
廣大群眾的物質狀況並不樂觀，不滿情緒增長了。當政府機

---

[169] Овсепян Р. История новейшей отечественной журналистики. М.,
МГУ,1999.С.158.（奧夫塞班，《最新祖國新聞學史》，1999 年，第 158
頁。）

關試圖通過壓力與鎮壓來抑制這些不滿，儘管這些鎮壓並不是大規模的。而真正的問題是意識形態學說研究的停滯，已經破壞了蘇共官員的威信，特權繼續被當作社會主義的一部分被保留下來，危機並沒有得到有效的解決。

1956 年，赫魯雪夫當權後宣佈了黨的新政治方針。與此同時，國際舞臺上也彌漫著蘇聯倡議大和解的氣氛，這反映在蘇聯媒體的社政報導上。五十年代蘇聯傳媒體系已經樣板化與教條化，必須繼續媒體改革工作。八十年代中期以後，戈巴契夫所執行的「公開性」改革其實並非空穴來風，戈巴契夫所倡導的「公開性」其實早在赫魯雪夫執政的後期就曾經被試圖短暫地實行過，但那只是曇花一現，其中標誌性的事件就是 1964 年的「新憲法事件」。

蘇共十二大之後，赫魯雪夫便著手開始進行起草新憲法的工作。當時蘇聯還在執行 1936 年所通過的《史達林憲法》，赫魯雪夫認為，這部憲法存在非常多的缺陷，它已經不能適應新的形勢，對此蘇聯必須根據蘇共新綱領的精神重新加以制定。1962 年 6 月 15 日，赫魯雪夫為此成立了由 97 人組成的新憲法起草委員會，該委員會下設 9 個分委員會。其工作程式為：先由這些分委員會按不同的問題準備材料，提出建議，然後集中討論，綜合彙集，按照赫魯雪夫的意見，該憲法的起草工作應在 1963 年完成。

當時新憲法起草分委員會提出的許多建議已經涉及國家民主化、聯盟共和國的主權、公民所擁有的權利等方面，對此委員會都有比較新的提法，如選舉產生國家和地方領導人、聯盟共和國成為主權國家、國家的重大問題進行全民公

決等等政治性問題。當然這些都是建立在以共產主義思想為基礎的框架之下。1964 年，在赫魯雪夫下臺之後，這部新憲法也最終沒有面世，1977 年勃列日涅夫制定的蘇聯新憲法在許多地方上都沒有再出現當年的諸多建議，但這些建議幾乎不約而同地在「公開性」改革中出現。

1962 年 6 月 15 日，赫魯雪夫在第一次全體會議上表示他曾考慮起草一份制定新憲法的基本思想和方針。他在委員會上與大家交流過後認為，這樣會對委員會成員有所束縛，因此委員會制定新憲法的方法就是分委員會開會、討論。每個委員會在相對獨立的情況之下提出自己的意見與觀點，最後再做集中，把這些意見匯總成為一個統一的文件，然後再發給委員會的全體成員。屆時，每個成員要就他所負責的工作表示自己的意見，而對整個憲法條文一定要向委員會提出自己的看法。儘管這樣做會費一些時間，但憲法總委員會不會規定分委員會工作的硬性空間。

憲法委員的分委員會共分為九個，分別是憲法一般問題和理論問題分委員會；社會制度和國家制度問題分委員會；國家管理、蘇維埃和社會團體活動問題分委員會；經濟問題和國民經濟管理問題分委員會；民族政策和民族國家建設問題分委員會；科學、文化、國民教育和保育問題分委員會；對外政策和國際關係問題分委員會；人民監督和社會主義法制問題分委員會；編輯委員會。

在這裏我們重點看以下四個委員會的成員：

一般問題和理論問題分委員會的成員主要包括：赫魯雪夫、勃列日涅夫、沃羅諾夫（蘇共中央俄羅斯聯邦局副主

席）、基裏連科（蘇共斯維爾德羅夫州委第一書記）、蘇斯洛夫（蘇共中央主席團委員、中央書記）、柯西金、庫西寧（蘇共中央主席團委員、中央書記）、米高揚、勃德戈爾內（蘇共中央主席團委員、烏克蘭共產黨中央第一書記，後來調任蘇共中央書記）、波利揚斯基（蘇共中央主席團委員、俄羅斯聯邦部長會議主席）、什維爾尼克（蘇共中央主席團委員、中央監察委員會主席）。

社會制度和國家制度問題分委員會的成員包括：阿布拉莫夫（蘇共莫斯科州委第一書記）、鮑玖爾（摩爾達維亞共產黨中央第一書記）、德佐尼采德澤（格魯吉亞共和國最高蘇維埃主席團主席）、伊斯坎德羅夫（阿塞拜疆共和國部長會議主席）、卡恩別爾金（拉脫維亞共和國最高蘇維埃主席團主席）、柯羅欽可（烏克蘭最高蘇維埃主席團主席）、凱賓（愛沙尼亞共產黨第一書記）、奧維佐夫（土庫曼共產黨第一書記）、佩爾謝（拉脫維亞共產黨第一書記）、謝爾比茨基（烏克蘭共和國部長會議主席）。

國家管理、蘇維埃和社會團體活動問題分委員會的成員包括：拜拉莫夫（土庫曼共和國最高蘇維埃主席）、格奧爾加澤（蘇聯最高蘇維埃主席團秘書）、耶匹謝夫（蘇聯陸軍和海軍政治工作負責人）、卡文（文尼察州集體農莊主席）、柯季查（摩爾達維亞共和國中央第一書記）、馬祖洛夫（俄羅斯聯邦共產黨中央第一書記）、米利謝普（愛沙尼亞共和國中央第一書記）、帕夫洛夫（蘇聯共青團中央第一書記）、波利揚基思（俄羅斯聯邦部長會議主席）、拉蘇洛夫（塔吉克斯坦共產黨中央第一書記）、斯米爾諾夫（列寧格勒的一

名工人)、斯涅奇庫奇(立陶宛共產黨中央第一書記)、季托夫(蘇共中央黨機關的領導)。

編輯委員會的成員包括:阿朱別伊(《消息報》主編、赫魯雪夫的女婿)、阿爾祖馬尼揚(院士)、羅馬什金(法學家、蘇聯科學院院士)、薩丘科夫(《真理報》主編)、斯捷潘諾夫(《真理報》副主編)、費多謝耶夫(院士)。

在一般問題和理論問題分委員會的成員更多表示出中央對於這次修改憲法的重視,中央的一些重要成員都加入其中,但在社會制度和國家制度問題分委員會和國家管理、蘇維埃和社會團體活動問題分委員會這兩個重要的委員會中我們更多地看到各共和國領導的身影,其中還有工人代表的成員,這表示赫魯雪夫已經看到蘇聯已經到了新老領導人需要交替的時候。蘇聯社會各界新出現的精英階層,對於前期的國家管理表示出自己獨特的意見,他們希望得到國家與社會的重視,但問題是如何平穩地解決社會穩定和變革的問題成為關鍵。

這樣分委員會的成員一定會提出與社會非常貼近的觀點與建議,但問題是如何協調個別成員提出的尖銳建議與社會大眾的慣性呢?也就是說,民眾對於分委員會的成員提出的問題並不一定有深刻的理解,但民眾對於自己的生活困難關心的程度要大於一切。從政策的後期結果上來講,分委員的成員並沒有注意到這些民生問題。因此,如果處理不好民眾現實生活與國家未來發展相互的關係,這可能會引起東歐各國與蘇聯內部的不穩定。

馬克思在《政治經濟學批判》序言中有一段經典論述:「人們在自己生活的社會生活中發生一定的、必要的、不以

他們的意志為轉移的關係，即同他們的物質生產力的一定發展階段相符合的生產關係。這些生產關係的總和構成社會的經濟結構，即有法律的和政治的上層建築豎立其上並有一定的社會意識形式與之相適應的現實基礎[170]。」馬克思主義經典作家把社會結構分為經濟基礎（生產力及生產關係）、國家機器和社會意識形式三大板塊。國家機器在制約和促進經濟基礎與社會意識形式協調發展中，具有至關重要的作用。

　　1964年6月16日，赫魯雪夫在憲法會議第二次全體會議開幕式時表示，憲法委員會不斷收到勞動人民的大量來信，來信談到的是關於未來基本法的具體內容很具有可行性。有的人起草並寄來了憲法呈文，這已經被送到憲法分委員會。新憲法必須反映蘇維埃社會和國家發展的現狀，必須反映社會主義民主提高到一個更高的水平，為勞動人民的民主權利和自由建立更加牢固的保障，新憲法將是一部史無前例的社會主義民主憲法。新憲法應當為國家公民遵守社會主義法制提供保障，為過渡到社會的共產主義自治準備條件。在起草新法草案時，我們必須以我國政治建設和國家建設的具有國際意義的重大經驗為指南，以列寧的思想遺產中關於憲法建設問題的指示為指南，以在我們黨的綱領中得到反映和進一步發展的列寧主義的社會主義國家組織原則和活動原則為指南。新憲法應當是一個具有國際意義的文件，是鼓舞各民族爭取自己光明未來的典範和榜樣。

---

[170] 馬克思：〈《政治經濟學批判》序言〉，《馬克思恩格斯選集》第2卷，
人民出版社1995年第2版，第22頁。

這次會議中，赫魯雪夫提到新憲法的幾個總原則：

首先，新憲法不能局限於僅僅闡述國家建設的基礎和國家機構，在社會主義社會，在管理社會事務方面，除社會主義的國家機器外，共產黨和社會團體也起著重要的作用。共產黨的領導作用、社會生活中的作用和經濟建設的領導問題，在憲法中應當得到廣泛的反映。總之，新憲法應當是國家和社會的基本法。

其次，應當在黨的綱領中寫進一條重要原則：一切為了人，為了人的幸福。這是一條基本的原則，是馬列主義的根本基礎。必須使這一條共產主義的原則在新憲法中的草案中得到充分反映。也許我們應當在新憲法中專設一章〈社會、個人和國家〉在這一章中必須把蘇聯人民已經享有但是沒有寫進現行憲法的權利以及現在農民已經被保留下來的權利獲得正式的肯定。比如，經過多年發展現在實際上已經存在的權利和民主自由，包括勞動保護、健康保護權、享有文化財富權、科學和藝術創作權，等等。

最後關於蘇維埃的名稱。這應當體現出整個蘇維埃活動的活躍性，在新憲法中應當有所體現，問題還涉及到蘇維埃常設委員會以及蘇維埃代表作用是否應當得到提高。比如應當將蘇維埃改為「人民蘇維埃」是否更加準確。當時在會上有的同志認為，這樣的名稱能更好地反映我們社會新的社會結構、我們社會的社會統一和思想政治統一。另外一些同志認為，基於同樣的考慮，把蘇維埃叫做「勞動人民蘇維埃」更加準確。

　　赫魯雪夫的新憲法改革在中央遭遇了失敗。蘇共中央主席團在 1964 年 10 月 13 日《關於主席團內部發生的問題和在蘇共中央活動中恢復列寧主義集體領導原則的措施的決議》中提出：赫魯雪夫同志身居蘇共中央第一書記和蘇聯部長會議主席，集大權於一身，在某些情況下不受蘇共中央的監督，不再考慮中央主席團委員和蘇共中央委員們的意見，許多決定是未經應有的集體討論就開始執行。

　　勃列日涅夫在 10 月 14 日蘇共中央全會上的開幕詞中指出：今年 10 月 13 日舉行的由全體委員出席的蘇共中央主席團會議，這裏除蘇斯洛夫（蘇共中央主席團委員、中央書記）因病未出席外，在赫魯雪夫同志主持下，對於我國國內外政策、領導工作、黨的政策的貫徹和赫魯雪夫同志對黨中央和政府工作的錯誤的惡劣領導與方法等根本問題展開了討論。會上發言的所有中央主席團委員、中央主席團候補委員和中央書記處都一致認為，中央主席團缺乏良好的工作氣氛，中央主席團情況是不正常的，其責任首先應當由赫魯雪夫同志來承擔，因為他已經破壞了黨和國家生活的列寧主義的集體領導原則，走上個人迷信的道路。最後，中央主席團得出一致結論認為，赫魯雪夫同志種種過分匆忙草率決定下的方針和缺乏考慮的唯意志論的做法，給我國國民經濟的領導製造了巨大的混亂，為國家造成嚴重損失，他卻用無窮無盡的所謂改革和改組來掩飾自己的過失。

　　此時，媒體本應該成為圓滿解決赫魯雪夫憲法改革中各種問題的關鍵，媒體需要扮演、把握並平衡所有社會反應的角色，媒體是國家機關與社會大眾交流的重要渠道之一，但

非常可惜的是編輯委員會成員的成分卻異常地單一化，民眾對於社會上的各種問題的反映很難體現，因為政府機關通常是以社會穩定的角度來思考問題，而媒體在先天上卻有幫助和監督政府的雙重角色。另外，媒體成員通常富有正義感，他們與社會的脈動一向最為貼近，而該憲法分委員會成員組成過於簡單，應該說政府聯繫結構的脫節是導致最後新憲法無法執行、民眾對此缺乏瞭解的重要原因之一。

後來，戈巴契夫在「公開性」改革的最初過程當中注意了這些問題，改革幾乎得到了全體民眾無私的支援，但人民在媒體看到的更多是政府高層鬥爭和揭歷史傷疤為主的媒體報導，媒體在馬列主義基礎之上正義感、監督性和穩定社會的角色消失了，媒體成為很多社會不穩定因素的推波助瀾者，這也與恩格斯在《哥達綱領批判》中所強調的媒體是促進社會進步、穩定社會的角色相違背。戈巴契夫的「公開性」遇到的另外一個問題，就是「公開性」完全以蘇聯為範本而展開，但這樣的改革政策並沒有考慮東歐國家的利益，東歐國家有其自身的國情，果然「公開性」首先在東歐遭到失敗，然後波及整個蘇聯，從而導致「公開性」改革最後徹底失敗。

赫魯雪夫的新憲法改革是否已經參考西方政治文明的特點呢？在此我們還要具體指出西方文明的具體特點。童兵教授在〈政治文明：新聞理論研究的新課題〉一文中認為，西方政治文明的基本內涵為一個制度、兩個機制、三個規範。一個制度就是現代民主制度，這個制度的實質是還政於民，還權於民，確保人民當家作主。兩個機制是政治運行機制和社會監督機制。三個規範就是指觀念規範、法律規範和

道德規範。這一個制度、兩個機制和三個規範之間的關係是：三個科學規範是建構文明務實的政治運行機制與社會監督機制的基礎，兩種機制的有效運行是民主機制與社會監督機制的基礎，兩種機制的有效運行則是民主政治制度得以建立和維繫的保證。他們都是現代文明的基本內涵和必要架構[171]。其實，赫魯雪夫的新憲法改革的內容主要集中在三個規範上，因為蘇聯在經過由赫魯雪夫主導的大解凍時期後，內部已經開始出現多元化發展趨勢，這是赫魯雪夫沒有預料到的，蘇聯的整體社會價值觀再次活躍起來，此時，蘇聯確實需要一部法律來再次確認社會整體的價值觀。

六、勃列日涅夫與安德羅波夫時期的意識形態危機

勃列日涅夫對於蘇聯未來意識形態的發展問題曾在 1966 年至 1976 年間做過若干的指示，非常不幸的是，戈巴契夫後來的施政幾乎完全違反了這一階段的蘇聯在維護國家意識形態中取得的成就。

1966 年 11 月 10 日，勃列日涅夫在「蘇共中央政治局會議關於國內意識形態分組會議」中就曾指出：現在蘇聯黨和國家生活已經在許多方面制定了十分明確的發展前景，這在 1964 年蘇共中央十月全會中做出總結。無論是在經濟領域，還是在農業方面，以及在各方面的工作我們都感到明顯

---

[171] 童兵，《政治文明：新聞理論研究的新課題》，《童兵自選集》，轉錄自《新聞與傳播研究》，2003 年第 3 期，上海：復旦大學出版社，2004 年，第 279 頁。

的進步。在黨和國家生活中有一項工作我們迄今為止還存在很多的問題，這就是我們黨和國家的意識形態工作，對於這一方面，我們還存在缺點，或者在某些地方我們甚至還存在嚴重的錯誤，這些問題已經讓人越來越明顯地感到了，他們不能不令我們忐忑不安，不能不引起我們的認真警惕。這其中的主要問題是這些錯誤並不像在其他領域那樣容易克服，過去與現在我們都非常清楚這個問題的極端複雜性，意識形態工作中的缺點和錯誤可能給國家帶來無法克服的危害。

勃列日涅夫同時認為，有一種情況值得警覺，那就是某些意識形態工作手段，諸如學術著作、文學作品、藝術、電影以及報刊，在這裏竟被用來誣衊我們黨和我國人民的歷史，而有人這樣做的時候還假借種種冠冕堂皇的理由，擺出種種貌似高尚的出發點，這樣的做法危害更大。

勃列日涅夫還認為，蘇聯已經遇到一些危機，即黨的中央委員會、政治局得不到有關黨內、國內意識形態工作狀況的周詳而系統的情況通報。這裏的通報不是只為通報而通報，這裏指的是真正的、充滿黨性原則的、目的明確的情況通報，並且附有具體的建議。蘇聯國家已經建立了有關於國際政治和實際問題的、國內經濟建設問題的通報，而關於意識形態方面的工作，蘇共中央領導階層卻沒有這樣的情況通報。

在會議上安德羅波夫提出同樣的看法，他認為：中央十月全會前的時期在意識形態工作方面也給黨和人民造成巨大的損失。赫魯雪夫曾利用意識形態為自己的個人目的服務，來自我標榜，他並不關心黨的利益，但蘇共中央同樣也存在一定的缺點。安德羅波夫重點提出蘇聯高校年輕人的思

想問題，他認為這不是一個新問題，在改善年輕人教育工作方面國家做得並不多，國家之前曾用一種教材教育他們，現在又推薦另外一種教科書，而真正揭示黨和人民生活中發生的事件的深層次實質性的教科書，幾年來我們並沒有拿出來，這是蘇聯年輕人頭腦中出現一片混亂的主要原因所在。在闡明史達林問題、衛國戰爭的問題、國家和黨發展前景的等等問題，這不僅僅事關蘇聯內部的問題，而且事關各社會主義國家，以至於全世界的共產主義運動。安德羅波夫提出蘇聯需要一本真正闡述馬克思列寧主義的著作，這本書應當能闡明蘇聯整個時代發展上的多樣性和豐富的黨與國家生活，這本書必須經過政治局批准。

第四次政治改革危機發生在七十年代末和八十年代初。這是一次經濟、政治和道德層次的危機，伴隨著官員精英的逐漸老化和退化，安德羅波夫曾經試圖通過改革來擺脫這次全方面的危機。安德羅波夫在 1983 年蘇共中央六月全會的講話中特別強調指出，我們正在經歷這樣一個階段：社會正在發生深刻質變，與此相適應的生產關係的完善不僅迫在眉睫，而且已經勢在必行，這不僅是我們的願望，也是客觀的需要，對於這種必要性我們既無法繞過，也無法回避。他還指出，要保證整個經濟機制不間斷協調運轉，這是當今的要求和未來的綱領性任務，是完善蘇聯社會機制的整個過程的組成部分。安德羅波夫在其逝世前主持召開的蘇共中央十二月全會（1983 年）上再次講到，完善蘇聯經濟體制的一些個人設想，只有綜合地、相互聯繫地研究改進管理體制的問題，才能最充分地利用社會主義生

產方式所具有的優越性，這應該成為蘇共綱領修訂本的重要組成部分。

對此，關於改革的進程問題在以後的幾年間一直停留在學術討論階段，這一時期主要的代表人物為蘇聯科學院新西伯利亞分院院士 T.紮斯拉夫斯卡婭。她在 1983 年的一次內部學術討論會上發表的報告中，在理論上集中分析了當時蘇聯進一步改革經濟體制的必要性，蘇聯當時的國家管理體制的基本輪廓大約在五十年前形成，雖然經過多次的大補與小補，但還沒有進行一次真正反映生產力與生產關係直接聯繫的改革。而這種體制最主要的特徵表現為：經濟決策高度集中；生產計劃的高度指令性而導致市場關係的不發達，產品的價格嚴重背離社會價值，生產資料市場嚴重短缺；對勞動的各種形式的物質刺激進行集中調節；部門管理原則優先於地區原則；對經濟部門和分部門的管理處於本位主義的隔絕狀態；企業管理許可權有限，對經營活動結果的經濟責任同樣有限；居民再生產、服務、交換領域等經濟積極性也受到限制，這些特徵都反映了經濟管理的行政方法多於經濟方法，集中多於分散。

正如與安德羅波夫共事很久並十分熟悉他的阿爾巴托夫所說：安德羅波夫是個非常矛盾的人物，或者說改革是一個非常複雜的多層面的任務。他一方面看到蘇聯現在存在的問題不僅在史達林時期存在，而且在勃列日涅夫時期存在，這是完全不正常的現象，蘇聯應當進行認真的改革，並應從經濟領域展開。但在另一個方面，他在這個領域的思維方式相當傳統，他不敢超越已經存在的穩定秩序、嚴格的紀律，

不敢提高物質刺激和精神刺激的作用[172]。

　　總之，蘇共領導人未能改善人民的物質生活並以此減少他們的不滿。此後意識形態學說也開始變化，即興創作並擅自改變馬列主義的初衷，並以此簡單迎合社會部分階層的意識形態，最後改變了價值取向的意識形態逐漸成為主流，這在戈巴契夫時期達到高潮，後來的蘇聯學者將這稱為具有宣傳性或便於宣傳的馬列主義。知識份子對於蘇共領導人的支援，與對官僚機構中的特權階層的抗議常常結合在一起。戈巴契夫在還沒有鞏固經濟、社會和意識形態的制度基礎時，就開始進行民主化，這意味著官僚機構中特權階層面臨著來自社會各個階層的挑戰，鬥爭成為這一階段改革最為顯著的特徵。改革就像在蘇聯這座已經千瘡百孔的高塔上進行加高，加固和改善意識形態的工作並沒有得到加強，坍塌卻是意想不到的和迅速的。

　　除第一次危機被列寧政治改革基本上解決外，其他三次危機的發生基本都沒有被有效地解決，問題得不到解決的主要癥結點在於蘇聯政治領導人並沒有有效地利用國家龐大的政治、經濟人才來解決出現的問題。維護少數人的利益成為政策的主要出發點，因而，問題在「停滯」中慢慢變大，意識形態成為思想的枷鎖，成為讓社會單一化的工具，對此，勃列日涅夫在他晚期執政中已有深刻的認識，但他由於身體狀況的原因而無力回天。此後在長達二十年的時間裏，

---

[172] 格‧阿‧阿爾巴托夫著，徐葵等譯，《蘇聯政治內幕：知情者的見證》，北京：新華出版社，第373－375頁。

蘇聯新聞理論界並沒有做出有效的理論調整，這使得蘇聯媒體的發展逐漸脫離群眾。

在這裏值得指出的是，勃列日涅夫所提出的問題並非空穴來風，在這裏筆者並不知道戈巴契夫如何處理勃列日涅夫所提出的問題，但葉利欽同樣沒有解決這樣的問題。1999年 10 月，時任葉利欽辦公室發言人現任普京辦公室主任的亞塔姆仁斯基曾在外交部直屬莫斯科國際關係學院的講堂上談到，葉利欽一般會在早上 6 至 7 點閱讀來自不同方面的資訊，這些資訊的特點在於沒有任何評論，最後評論會集中提交給總統。亞塔姆仁斯基在講話中主要想說明總統葉利欽可以閱讀來自不同方面的資訊和意見，但在學生的逼問之下，亞塔姆仁斯基最後表示，總統在處理寡頭干預媒體發展的問題時，確實發現自 1995 年以後寡頭已經開始控制俄羅斯電視媒體。對於俄羅斯媒體發展中出現的問題，課下，他表示總統會處理寡頭問題，但他不知道用何種手段何種方式。問題就在於 1996 年之後寡頭完全接管了媒體的運行，國家此時卻無能為力，因為俄羅斯媒體寡頭已經和西方國家進行了利益上的結合，這是戈巴契夫遺留問題的延續，蘇聯和俄羅斯連續三代領導人都沒有處理好這樣的問題，而普京的處理方式，就在於應用國家現有的法律體制來鉗制寡頭，首先把真正具有威脅的寡頭清除，然後再要求國家杜馬建立新的一套新聞出版法，在新的新聞出版法的基礎之上慢慢治理媒體問題。

七、戈巴契夫的「公開性」改革牽動傳媒變革

　　1988 年 6 月 28 日蘇共第十九次黨代表會議在克里姆林宮代表大會廳開幕。代表們首先聽取了戈巴契夫對於「關於蘇共中央的二十七次代表大會的決議的執行情況，第十二個五年計劃前半期的基本總結和黨組織在深化改革中的任務」和「關於黨的生活和社會進一步民主化的措施」兩個問題所做的報告，在報告中戈巴契夫指出：該怎樣深化倡導、並在其領導下在蘇聯展開的這場革命性的改革，並使其成為不可逆轉的歷史潮流，這是擺在我們面前的根本問題……黨能否在蘇維埃社會發展的新階段起到先鋒隊的作用，取決於我們能否對上述問題做出正確的回答[173]。

　　隨即，大會代表開始對由雅科夫列夫主筆的《關於公開性》的文件展開了熱烈討論，《關於「公開性」》文件的主要內容是決不允許壓制大眾傳媒中存在的批評性意見，決不允許迫害批評者，出版物要定期公佈黨的收支情況的詳盡資訊。這其中包括《真理報》的地位問題，有人建議報紙的編輯班子應引進選舉機制，並在蘇共代表大會上報告工作。代表們提出《真理報》不但應當成為黨的機關報，而且更應當是中央的機關報，戈巴契夫在權衡代表們的意見之後，他對此並沒有表示明顯的支援的態度，但他認為由此引發的蘇共內部的分化在加劇。

---

[173]　【俄】戈巴契夫，《戈巴契夫回憶錄》，社會科學出版社，2003 年，第 470－474 頁。

提倡「公開性」主要是為了說服人民為改革而工作，並為領導階層提供關於人民的資訊和思想來源。在「公開性」實行的過程當中，戈巴契夫試圖通過提高媒體的可信度來表示他對蘇聯人民的信任，以便在國內教育和動員蘇聯人民支援改革並為改革積極工作[174]。

戈巴契夫的改革開始之後，社會馬上陷入意識形態的真空，蘇聯黨和國家領導人又缺乏明確的國家變革的目標和途徑，這時的大眾傳媒的發展失去方向，甚至過去一直是官方色彩的社論也開始突出作者的個人色彩。一篇並沒有事實基礎的「妙文」馬上會使作者聞名全國，並可以為其打開仕途之門，這一時期蘇聯主張改革大眾傳媒在最大程度上接近西方自由和獨立的大眾傳媒的標準，這部分上反映了社會群眾的願望，更重要的是，媒體成為了在國家發展的關鍵問題上具有不同意見的各社會集團之間相互溝通的渠道。

國家展開「公開性」改革使得讀者開始有機會通過報紙來瞭解政治局勢的變化，1986 年秋季報紙雜誌的徵訂結果令人倍感興趣：《共青團真理報》增加 300 餘萬份，《蘇維埃俄羅斯報》增加 100 萬份，《消息報》增加 4 萬份，《共產黨人》雜誌增加 7 萬份，但《真理報》增加不多。此時，《真理報》逐漸由領頭地位向後滑，由改革派的陣地滑向保守派的陣地。儘管各州的黨委以不同的方式幫助報紙發行，《真理報》受歡迎的程度仍不斷降低，印數節節縮減，《真

---

[174] 【英】卡瑟琳·丹克斯，《轉型中的俄羅斯政治與社會》，北京：華夏出版社，2003 年，第 34－37 頁。

理報》主編維克多‧阿法納西耶夫在党的領導人利加喬夫的
鼓勵之下，公開在報紙指出「改革方向已經不對頭」的結論。
在此我們可以鮮明地看出蘇聯的大眾傳媒發揮民主的作用
主要依靠蘇聯社會較高的物質水平，這使得大眾傳媒能夠充
分完成組織社會政治對話的功能[175]。報紙的高訂閱率在經費
上可以使其保持一定的獨立性，幾乎完全不需要商業性的廣
告，媒體在一定程度上保持客觀、中立和反映社會不同階層
意見的能力大為增強。

　　1988 年 7 月 1 日，蘇共中央第十九次代表會議《關於
公開性》的決議中提到：蘇聯共產黨全蘇代表會議從社會主
義和改革的利益出發，認為繼續發展「公開性」是最重要的
政治任務。代表會議是把「公開性」作為一個已在發展的過
程來分析的，並強調指出，始終一貫地擴大「公開性」是反
映社會主義民主實質的必要條件，也是動員人民，吸引每一
個人參加到社會、國家、集體事業中來的必要條件，使之成
為在全民監督所有社會機關、權力和管理機構活動的基礎上
反對社會主義蛻變的有效保證。代表大會將「公開性」視為
實現人民的社會主義自治和實現公民的憲法權利、自由和職
責的必要條件。同時，代表大會認為，制止報刊發表批評性
文章，以及刊登有損公民名譽和人格的非客觀報導文章都是
不允許的。「公開性」要求大眾資訊媒體擔負起社會、法律
和道德責任。「公開性」執行的前提條件就是不容許利用「公

[175]　【俄】安德蘭尼科‧米格拉尼揚，徐葵等譯，《俄羅斯現代化與公民
社會》，北京：新華出版社，2003 年，第 287－290 頁。

開性」損害蘇維埃國家、社會利益，損害個人權利；不容許宣傳戰爭和暴力，反動的種族主義、民族和宗教的非正確方向，不允許宣傳殘暴行為，不容許傳播淫穢作品，不容許利用「公開性」行騙。

在「改革與公開性」開始的初期，蘇聯學者普遍認為「公開性」意味著小批量出版物和個人出版物的結束。90 年代之前許多公眾普遍認為，隨著蘇聯報刊上出現批評列寧，批評布爾什維克，批評馬克思主義的文章，小批量出版物和個人出版物將會凍結，因為這些出版物並沒有太大的公信力，就在批評出現之前，只有很少的出版物堅持公開反對馬克思主義和反列寧主義的立場。據資料統計，截止到 1989 年 7 月，蘇聯在公開性提出之後全國出現了 323 種小型出版物，其中屬於各單位的有 208 種，個人所有的有 115 種。而 1987 年蘇聯境內一共才有 30 種，1986 則只有 10 種。與此同時在推行「公開性」和改革的這幾年間，蘇聯報刊的發行量一直在急劇增長。

1988 年戈巴契夫撰寫第二本書《改革接受生活的監督》，副標題是《摘自日記記錄》，這與戈巴契夫第一本書的風格完全不同。他的第一本書主要是向外國讀者介紹蘇聯的改革，而第二本書主要是向民眾介紹如何展開「公開性」改革。在後來展開並不斷擴大的「公開性」潮流中，政府開始了改革的非意識形態化，誠然，它最初是以探索新的社會主義的意識形態的形式出現的，用以取代迄今為止占統治地位的勃列日涅夫為代表的意識形態。在 1988 年 10 月 31 日的政治局報告會上，戈巴契夫講到：有些事情人們指望我們

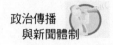

能多說些，而少說不行，但十分重要的是，總書記按傳統是
黨的絕對真理的最高的、無可爭議的代言人，我國的歷史也
可以是公正分析的物件，許多好像不可動搖的理論，現在需
要加以懷疑並重新認識。

十二 「獨立電視台」節目
「言論自由」不自由

　　近日在俄羅斯與台灣都發生對政治人物人攻擊和詆毀名譽的事，俄羅斯的無線衛星電視台「獨立電視台」以憲法保障公民人格權利以及傳媒法禁止濫用新聞自由的規定精神，斷然作出反應；台灣的非常光碟卻在電視媒體與民間販售，而炒的沸沸騰騰，同樣是主張言論自由卻兩樣情。

一、關於「言論自由」節目

　　俄羅斯的無線第三頻道《獨立電視台》於 2001 年 9 月 14 日開闢了一檔電視新節目，叫做「言論自由」，主要是長達一小時四十五分鐘於每週五晚間七點三十五分播出以政論性為主的談話性節目。今年為配合年底 12 月 7 日國會下院「國家杜馬」的選舉，該欄目特地鎖定從 11 月 7 日到 12 月 5 日組織了一個主題，叫做「選前電視辯論會」，參與的政黨與候選人必須付費買時段，還要與電視台簽訂一項不做人身攻擊的協議，以確保與會者只做政策辯論。

　　節目辯論的主題與現場錄製來賓分為兩組播出，一部份是針對西伯利亞、烏拉爾暨遠東地區的一集，來賓是當地各政黨候選人及其支持者，在當地現場直播；另一部分則是莫斯科與歐俄地區。電視辯論分為亞洲區與歐洲區的目的，是

為了讓候選人的議題更能夠與當地關心的議題相吻合。節目進行到最後還會以電腦統計觀眾電話投票和現場民眾的投票，作出民調統計結果，確定辯論賽最後的獲勝者。

二、拒絕自民黨上電視辯論會

11 月 25 日，俄羅斯的《獨立電視台》與俄羅斯自由民主黨解約，自民黨購買時段的花費將於 12 月 5 日退還。電視台新聞部表示，將拒絕邀請自民黨的國會議員暨候選人上該電視節目「言論自由」，原因是自民黨主席日里諾夫斯基於 21 日在該節目進行辯論時，出言謾罵與毀損其他候選人的名譽，因此違反了電視台與候選人簽定不可詆毀他人名譽的協議。俄羅斯自由民主黨一直扮演俄國大斯拉夫民族主義最極端的一股勢力。

《獨立電視台》總經理尼古拉‧森科維奇向其他參加節目的候選人道歉，並呼籲所有節目來賓都要遵守不作人身攻擊的原則。自民黨在距離 12 月 7 日俄羅斯國會選舉前夕，無疑喪失了一個自我宣傳的管道。當然，媒體與任何候選人簽訂協議，約定上電視政論性談話節目不許詆毀他人名譽的動作，是維護俄羅斯憲法保障每個公民的尊嚴、價值和名譽的公民權利，但是整體剝奪該黨的媒體接近權可能也違反了言論自由。《獨立電視台》的斷然反應或許應該稱得上是「兩害相權，取其輕」。但話又說回來了，真正的言論自由為什麼一定要建立在言詞貶低對手的基礎之上？

近日台灣「非常光碟」的出現，讓該製作群與支持光碟的組織團體高舉言論自由的旗幟，而被報導遭受批評的人物卻名譽受損，只有選擇控告非常光碟參與者對他們進行人身攻擊。就是否構成毀謗的定義而言，被報導受批評的人都是政治人物與媒體人，剛好符合非常光碟製作者與其支持者稱說公眾人物是可受公評之事，但是現在問題在於，不是公眾人物的一般民眾，為什麼要接受這種言論自由的論調，是不是要我們接受只要打著言論自由的招牌，我們就能恣意地詆毀他人的名譽，而毫不感到愧疚？而非常光碟主要針對國親兩黨的政治人物與相關媒體人作批評，只有一兩個民進黨的政治人物被輕描淡寫的點名要加油，一兩名綠營和多名藍營在人數比例上極不對稱，這很明顯地就是針對一方陣營作攻堅的政治鬥爭。

台灣華梵大學的老師就把非常光碟作為上課教材，想了解大學生對這片光碟的看法，結果有的學生看的不耐煩，有的學生低頭看自己的書，老師詢問已經看過光碟的人舉手，結果全班 50 多人只有不到 10 人看過，有的學生還表示，光碟製作很粗操，比台灣有些電視購物頻道推銷產品的低俗行銷節目還不如。換句話說，不是年輕人就喜愛譁眾取寵的媒體訴求方式。

反觀同樣是經過政治變革與限制鬆綁而有新聞自由的俄羅斯，在莫斯科「獨立電視台」的做法，是否更讓台灣支持非常光碟的一小撮群眾反省，是不是有人一邊大談言論自由，而一邊卻利用言論自由之便而大賺金錢，並且贏得政治權力？

十三　夏沃案背後的複雜背景

　　植物人夏沃案例在時機上特別引起媒體關注，正是因為在復活節這個傳統宗教的節日之際，讓美國媒體有了一個重新報導安樂死議題的刺激因素。夏沃案例同時糾結了人權、司法、政治、宗教與醫學等等層面的問題，令這個事件變得極富爭議與複雜。

　　就在復活節前夕，美國一名女植物人特麗‧夏沃的生死問題，頓時成為美國各大媒體在復活節期間的頭條新聞。雖然在美國每天都有成千上萬的家庭面臨相同的人生抉擇，關於植物人的生存權問題也不是今天才發生的，但是由於這個議題具有相當的爭議性，因為生與死是人類生命共同的永恆議題。植物人夏沃案例在時機上特別引起媒體關注，正是因為在復活節這個傳統宗教的節日之際，讓美國媒體有了一個重新報導安樂死議題的刺激因素。安樂死的問題藉著夏沃事件，在短短幾天時間之內又再度回到美國人們思考的議事日程當中。夏沃案例同時糾結了人權、司法、政治、宗教與醫學等等層面的問題，令這個事件變得極度爭議與複雜。

媒體報導引發政治介入

　　3月21日，美國總統喬治‧布什簽署了一項應景的特別法案，以法律形式確定夏沃應重新插上兩天前被拔除的進

食管，使她繼續活下去接受治療。法案一出立即引起各界諸多反應。首先是政治層面，夏沃的父母家人相當感謝總統與議會的支持，但是夏沃的監護人丈夫邁克爾？夏沃卻相當憤怒政治最終介入司法已長達七年的判決。當時此案曾經一度因為佛州州長傑布•布什的命令而延宕司法判決至今，該命令被佛州法院判決違憲。如今，悲劇再度重演，這是一場情理法的掙扎。不過，聯邦法官仍然尊重佛州法院的判決，不接受國會法案直接翻案的做法。看來美國司法體系捍衛司法秩序與尊嚴的態度相當堅決。雖然羅馬天主教徒仍然一貫支持夏沃維持生命的尊嚴，因為夏沃是在拔除進食管的狀態之下逐漸脫水餓死，這對生者而言顯得不夠人道。不過從美國社會長期關注安樂死問題的角度出發，尊重病人要求安樂死的自由意志主張，卻是已經確定無疑地受到美國社會多數者認同的一項做法。

美國媒體在復活節期間炒熱了這項永恆爭議的話題，引發了一場司法體系與人情法理之外的政治角力戰。美國的政治已經是一個媒介政治時代，政治的表現藝術都必須依靠媒體的宣傳，美國總統與議會都需要利用媒體直接向人民展示他們的執政能力與理念，以向支持他們的選民交代或拉攏。美國的共和黨與民主黨都有基本的教義派，在夏沃案中又出現了對這個議題的爭論。美國議會於 3 月 20 日以 203 票比58 票的表決結果同意夏沃存活下去。雖然共和黨員普遍支持夏沃重新插入進食管以維持生命，但是也有如同民主黨派顧慮破壞美國賴以立國的憲法體制，亦即行政、司法、立法三權分立、相互制衡的憲法精神。就如同民主黨派基於生命

可貴的考量，同意支持夏沃活下去的情感考量。不過，本案鑑於司法體系強調尊重醫學判斷、司法判決和個人自由意志等優先考量因素，最後在聯邦法院拒絕接受申德勒家庭上訴申請以及夏沃瀕臨死亡之際，將從媒體和人們關注的視線中逐漸落幕。

記者關注共和黨內爭辯

夏沃案在美國議會中產生了激烈辯論。據 CNN 記者泰德·貝瑞特在議會採訪的報導顯示，共和黨內出現對夏沃生死判決的不同意見。共和黨員詹姆士·新森布瑞勒認為，國家必須保護易遭受到侵權公民的生存權利，這是法律的權限範圍。他說，當一個人生死意向不明的時候，一個有同情心的國家就必須站出來保護他的生存權。他並表示我們必須建構一個捍衛所有人權的文化環境。此外，美國國會多數黨團領袖湯姆·迪雷也認為，夏沃一案絕對值得聯邦層級的重新審議。這位來自得州的共和黨員強調，對一樁已經長達 15 年的醫療糾結司法爭議案來說，讓聯邦法官重新審議這個拔除進食管的判決有何傷害呢？他說夏沃案值得他們這麼做！當議會通過夏沃法案之後，在迪雷辦公室的夏沃父親鮑伯·申德勒，緊緊地擁抱迪雷表示感謝。

不過共和黨內同志也有持不同意見者，戴比·舒茲認為，我們是國會議員，不是醫生，也非醫學專家，我們更不是占卜師。無獨有偶，另一名共和黨員羅博特·威士勒說，佛州法院已取得神經科醫師方面的足夠證詞，證明夏沃不希

望持續處在植物人狀態下存活。威士勒還強調，法案的通過
將使佛州法院體系喪失其長久以來的司法權限，聯邦法院的
司法權限也會被政治力所取代。威士勒主張應該把夏沃案歸
還給醫生和司法！3 月 22 日，佛州坦帕市的聯邦法官拒絕
申德勒家庭申請恢復插入特麗進食管的上訴要求。據《紐約
時報》報導，白宮發言人史考特・麥克里蘭認為，法官的做
法對支持特麗存活的主張不算是合法的選擇。

民意傾向支持自主意志

　　自從美傳媒報導特麗・夏沃一案之後，支持特麗存活的
民眾總是在媒體前大聲疾呼插入進食管，這些對判決不滿的
抗議者不斷聚集在醫院門前，有人在企圖送食給特麗時遭警
方逮捕，有人手持標語且聲嘶力竭要求醫生插入進食管。甚
至連特麗兄長出面勸導抗議民眾保持安靜時，都還遭激憤民
眾怒斥！可見，特麗案是許多人共同的問題，已經超越特麗
家人之間的對簿公堂的私人問題，因為安樂死的問題向來是
公眾關心的議題。雖然媒體畫面出現的抗議者居多，因為拔
掉進食管顯得令人同情！而支持安樂死的民眾卻是處在暗
處觀察，因為出來主張一個人的死亡畢竟顯得不夠人道！在
特麗脫離進食管數日後，共和黨基督教義保守派黨員帕特里
克・馬合尼帶隊前往華盛頓抗議，示威行動方興未艾！不
過，根據《洛杉磯時報》所做的調查顯示，將近六成美國民
眾認為可以接受特麗安樂死的決定，只有接近三成民眾贊成
重新插入進食管。看來一場特麗・夏沃生與死的議題在美國

民眾之間已有定見，那就是尊重個人自由意志、醫療鑑定和司法判決的民眾佔了多數，凸顯了美國政壇保守派的舉措與主流民意有所出入。這也顯示生命的道德議題永遠存在分歧！美國媒體在復活節期間，讓人們再度省思了這個恆久爭議的議題！

（本文於 2005 年 4 月 4 日刊登於《大公報》評論版）

政治傳播
與新聞體制

十四　深喉調查報導影響深遠

在「水門事件」中我們看到，美國也可能會出現獨裁的情況，尼克松式的獨裁當然不同於斯大林式的，但他們對於國家的危害是巨大的，這個時候媒體在有問題的官僚體系中發現問題，並給予適當的揭露，這使得媒體不但成為獨立的第四權，同時還是國家和社會的媒體。

5月31日，美國《名利場》雜誌揭開了一件30年的歷史謎團：當初提供《華盛頓郵報》揭發「水門事件」重要線索的關鍵線人——「深喉」終於現身，他就是當年美國聯邦調查局副局長、現年高齡91歲的馬克‧費爾特。1972年6月17日清晨兩點半，有五名竊盜暗闖位於華盛頓水門大廈的民主黨全國競選總部辦公室之後遭警方逮捕，其中一名竊盜身上的通訊簿中竟有白宮的電話號碼和亨特的名字，這成為剛加入《華盛頓郵報》的年輕記者伍德沃德調查這一事件的開端。「水門事件」，一樁五名盜匪的竊盜案，竟牽扯出複雜的政治案件，事件背後的主使者正是當時白宮主人——尼克松總統。

「水門事件」對政治界與新聞界影響深遠，這一事件給了對美國政治腐敗行為一棍當頭棒喝，而對新聞界揭發政治醜聞案豎立了典範。此後，保護匿名消息來源以取得重要證據的模式，成為了記者進行調查性新聞報導的重要手段。同樣，這使得美國的老政客尼克松想利用自身的政治資源成為

某種意義上的獨裁者的可能性降到最低，比如，美國富爾布
萊特訪問學者、紐約城市學院教授林達？布勞特就認為如果
不是伊拉克戰爭，小布什是完全無法再連任的。圍繞在布什
班底的共和黨人就屬於一個完全的官僚班底，布什現在在美
國基本上是實行近似一種威權統治的狀態，美國式的新聞自
由已被布什的牛仔作風破壞殆盡。

「深喉」成匿名消息來源代詞

　　當年的「水門事件」在美國新聞與政治各界包括記者、
其他消息人士、調查人員、參眾院聽證會以及最高法院的介
入之下，1974 年 8 月 8 日，尼克松總統在面臨國會彈劾的
壓力之下最終引咎辭職，另外有 40 名政府官員和尼克松競
選連任委員會成員遭到判刑。當時《華盛頓郵報》的兩名年
輕記者伍德沃德和伯恩斯坦為何有機會成為揭發此樁政治
陰謀的推手？這與其中一名記者伍德沃德的一次交友求職
的經歷有關。根據伍德沃德於 6 月 2 日在《華盛頓郵報》發
表的〈費爾特是怎樣成為『深喉的』〉一篇文章指出，「水
門事件」的線人馬克・費爾特，是伍德沃德於 1970 年擔任
海軍少尉退役前夕在白宮西翼傳達候聽室送文件時認識
的，此後，伍德沃德曾多次向費爾特表達對前途茫然與求教
工作經驗的交談經歷。就是兩人彼此的信任關係，才使伍德
沃德比其他記者有機會接觸到聯邦調查局，再加上這名記者
勇敢執著追蹤事件真相的不懈精神，終於讓「水門事件」的
真相大白。這使得《華盛頓郵報》名聲大噪，奠定與知名老

報《紐約時報》平起平坐的地位，兩位記者也在 1975 年獲普立茲新聞獎，同時美國媒體也成為推動民主政治的標竿，美國媒體至此有機會成為一個扭轉政治危機與公眾抒發對政治不滿的渠道。「深喉」也成為了匿名消息來源的代名詞。

　　匿名消息來源在新聞報導中的定位雖仍遭受到質疑，但記者通常有不公開消息來源身份的共識，以保護消息來源的隱私和生命安全，並可以維繫消息來源和記者聯繫渠道的暢通，這被視為記者的職業道德。同時記者正確引述消息來源，以及通過對消息來源提供信息的調查與核實，保證消息的正確性，這樣可以避免記者被消息來源利用，或是記者濫用消息來源誇大事實，導致損害新聞報導的公正客觀原則，這也同時被視為記者的職業道德。當然，不可否認的是，有些不負責任的記者會以匿名消息來源的方式，作為掩蓋新聞報導內容證據不足的幌子。即使如此，這仍不能否定匿名消息來源在新聞調查過程中的重要地位。而且往往我們會發現，記者所報導的事件所具有的張力和說服力，最後並不在於匿名消息來源的身份是否應該被公開，而在於這個事件本身是否確實已經存在，以及被報導事件的嚴重性是否足以危害到公眾利益與社會安全。如果是，公眾會期待媒體應該找出事件負責任的人，並且要求立即處理與解決事件本身存在的問題。因此，當事件牽涉到國家安全時，政府與媒體的關係通常會很緊張。通常媒體遭受到政治打壓的問題不在於記者所持的證據不足，而在於政治本身是否存在媒體所揭露的弊端。媒體的責任在於報導，政府的責任在於解決問題以給社會大眾一個交代。

問責機制防媒體被利用

從新聞產生的過程來看，新聞可以算作一個由複雜媒體組織設定的程序所產生出來的成品。新聞本身由事件組成，而新聞記者必須對事件的真實性負責，因此，必須要一個問責機制，要求記者必須進行觀察、訪問的查證工作，以確保新聞的可靠度。在這個查證、核實的過程中，擁有消息來源便成為了新聞界一項功能性需求，換句話說，消息來源是記者可以大膽報導新聞的精神支柱。因此，消息來源與記者之間就形成一種相互依賴的互動關係，美國社會學家甘斯比喻這是一種跳探戈的關係。記者在極度依賴消息來源的情形下，媒體本身的自主性也會遭受到挑戰，因此，記者被要求需要不斷利用各種資源，包括質詢與查證消息來源者提供消息的可靠性，以防止媒體成為有心人士利用的管道。

媒體是個獨立階層？

《華盛頓郵報》在「水門事件」中之所以被美國新聞界定位成媒體揭露政府弊端的典範，而不是政治恩怨鬥爭的結果，乃在於美國媒體當時確實扭轉了美國政府政治最為黑暗的時刻，終結了美國政府借口發動越南戰爭以及總統為了個人政治前途不擇手段的骯髒歲月。美國政府從此也以此為鑑，不敢輕易矇騙社會大眾而做出掩耳盜鈴的非法事情。記者的調查性報導也受到了鼓舞。

西方新聞記者通常被賦予第四權的稱號，這與他們在發展公民社會的政治過程中參與監督政府行政、立法、司法三

權是否濫權有關。在西方媒體經歷國營、黨營、商營的發展進程中，現在媒體型態可以是國營、公營或是民營、私營同時並存，單一媒體結構逐漸被多元所取代，這是一個媒體爭取自身力量最大化的競爭時代，與此同時，媒體是否具有獨立性與自主性的問題也經常被爭議不休。但當媒體被認為是一個介於政府階層與公眾階層之間的一個中介階層時，那麼，媒體比較容易發揮它作為一個社會權力制衡以及社會情緒平衡與協調的角色，也就是媒體的靈活性、獨立性與自主性都必較充分。政府、公眾或媒體都要求權力關係平衡以達到利益劃分的平衡。任何一方都不被希望擁有完全獨佔的權力，否則，就有可能形成人們所不願意見到的由政府專權的極權國家、由媒體操弄的虛幻世界、或是由公眾駕馭的暴民社會。

媒體向社會大眾負責

在「水門事件」中我們可以看到美國也可能會出現獨裁的情況，尼克松式的獨裁當然不同於斯大林式的，但他們對於國家的危害是巨大的，這個時候媒體在有問題的官僚體系中發現問題，並給予適當的揭露，這使得媒體不但成為獨立的第四權，同時媒體還是國家和社會的媒體。俄羅斯社會傳播學者普羅霍夫就曾提出「國家社會媒體」的構想。媒體是一個社會政治階層，因為媒體可以協助人們完成其他的社會活動。他還認為，媒體在集權國家裡多是表達統治階層的利益，在這一環境中傳播活動缺乏社會正義與人文關懷，此

時，媒體沒有表達自己與公眾利益的聲音。因此，媒體還可歸為三類：公民媒體、國家社會媒體和國家媒體。公民媒體與國家媒體可以參與國家社會媒體的運作，聯合組成的民族委員會負責管理國家社會媒體，而國家社會媒體比較能夠平衡公民媒體與國家媒體偏向自己利益的偏頗立場。公民利用公民媒體參與和監督國家政權，三種媒體都同時面向社會大眾負責，爭取支持。媒體應扮演政治對話者、信息傳播者、公民社會組織者的角色。

（本文於 2005 年 6 月 10 日刊登於《大公報》評論版）

十五　美報業表態力求自主性

　　10 月 17 日，《紐約時報》發表了一篇題為〈約翰‧克里走向總統〉的社論文章。社論開宗明義地指出克里具有「成為偉大執政領袖所具備的素質」。文章還認為：「克里整個人生都奉獻給了公共事業，從越南戰爭到一系列公共事務。……克里更加勝任總統的工作，他清楚美國在世界事務中所應扮演的角色，應該做一個順應民意的領導人，而不是一意孤行。我們相信，由約翰‧克里擔任總統，我們的國家會更好。」反之，文章列舉了布什任內的幾大敗筆，包括啟用阿什克羅夫特擔任美國司法部長、對失業率升高無所作為、提倡減稅和發動伊拉克戰爭等等。美國報業為何要在大選前作出表態呢？11 月 4 日開票結果顯示布什險勝而連任成功，這使得一個分裂的美國已經儼然形成。布什作為美國的弱勢總統，在多數報業對他內政與外交極度不滿的前提下，連任後須重新審視過往政策偏執所造成精英媒體的反彈問題，以及關注媒體的國事建言與民意走向，否則美國分裂的民意勢必繼續加劇。在國際恐怖主義猖獗的局勢之下，動盪的美國必然令中俄歐等大國所不樂見。

《時報》欲凸顯獨立自主原則

　　Adolf Ochs 作為奧克士家族接手經營《紐約時報》的第一位社長。他說：「《時報》的新聞報導應無懼無畏、不偏

不倚,並且無分黨派、地域,或任何特殊利益。」他並且以
「所有適宜刊載的新聞」作為《時報》的信條,這一信條至
今仍坐落在頭版報頭的左角落,成為《時報》對讀者負責和
宣揚自身新聞理念的「金字招牌」。

這一新聞公正性原則在 Jack Rosenthal 擔任總編輯期間
推向極至。Rosenthal 於 1969-1989 年期間以鐵腕統治《時報》
編輯部,並在任內為《時報》立下美國報業最為光彩的一頁,
那就是 1971 年《時報》刊登五角大廈的越戰機密檔案,影
響了美國輿論界普遍認為美軍援越是在政略上忽視「民族自
決」的前提,即美國出兵缺乏合理性。當時 Rosenthal 總結
「越戰檔案」是「政府權力」與「新聞自批」的對抗典型。
此外,Rosenthal 曾對《時報》的政治選舉新聞政策做出這
樣的定義方針:「政治競選新聞的報導,必須要做到平衡,
照顧到雙方候選人,新聞寫作,不能有所偏袒,要非常小
心,不要予人有傾向於某一方的感覺。除了新聞以外,對於
新聞版面的處理,也要顧全到雙方平等的待遇,不至於有主
從之分。」

美報業不甘在選舉中失聲

自 1931 年以來,對美國報業批評得最多的是社論在總
統選舉中的政治立場,根據美國傳播學者 Michael Emery &
Edwin Emery 採用《編輯與發行人》(Editor & Publisher)
的調查統計顯示,美國日報對共和黨的支持略勝於民主黨。
但是得到社論支持的總統候選人卻不一定會當選,例如 1948

年杜魯門僅得到10%的日報支持率，卻擊敗擁有65%日報支持的杜威。1960年肯尼迪以15.8%的日報支持率戰勝70.9%日報支持率的尼克松。1970年以後，報紙表態的現象逐漸減少，水門事件導致尼克松被迫辭職，這使得支持共和黨的報紙感到尷尬。結果超過10萬份發行量的114家日報中，只有50家支持共和黨總統候選人福特總統，21家支持民主黨候選人卡特，43家不表態，結果卡特當選了總統。1980年至1988年期間，不表態日報上升到55%，原本在政壇上默默無名的里根在1980年打敗卡特總統。

這次在2004年美國總統大選前夕，截至10月27日為止，根據《編輯與發行人》報告顯示，共有142家報紙公開表態支持克里，123家報紙支持布什連任，在讀者人數和發行量上，支持克里的報紙也明顯超過了布什：1700萬份對1200萬份。調查表明，在4年前支持布什的報紙中，如今至少已經有35家改投克里陣營，還有5家宣布中立。報告當時指出，報界支持某位候選人通常只會影響到5-10%的選民。由此可見，美國報紙社論對於民眾的影響性已經不是唯一決定選民政治傾向與投票意願的來源因素。美報業對布什政府已經相當不滿，不論是支持布什或是反對布什，美國報業都在發揮自身的影響力和自主性，不甘在選舉中喪失發聲的輿論權利，縱然布什當選也不敢小覷報業的輿論力量。

美媒體站在十字路口上

　　素有「美國 CNN」之稱的阿拉伯卡塔爾半島電視台，於 2004 年 10 月 29 日晚間，播放了一段「基地」組織領導人拉登對美國民眾進行心戰喊話的錄像帶。據新華社報導，拉登說，「『基地』組織發動『9‧11』襲擊是由於對美國偏袒以色列的中東政策感到非常失望。布什自從 2001 年『9‧11』事件以來，一直在掩蓋真相，欺騙和誤導美國民眾。……美國人民的安全是掌握在美國人民自己的手中。」在 2004 年 11 月 2 日的美國總統大選日前夕，拉登的出現意味著什麼？拉登講話至少具有兩層影響選情的表象涵義：第一，如果布什總統連任成功，意味著美國民眾認為攸關生存的國土安全勝於其他議題，間接默認布什執意發動阿富汗和伊拉克戰爭的合理性基礎，反之，克里當選在概念上意味著美國民眾反對政府對伊發動戰爭；第二，不論布什或克里當選，大家都是美國民眾，因為布什當選，反映美國人民為了自己的利益卻寧願支持損害伊拉克人民利益的偏執總統，這等於在美國豎立的民主和多元形象上抹道陰影。反之，克里當選意味著美國民眾認為單邊主義決策的錯誤。兩者之間的灰色地帶將不具意義。美國媒體是否能夠再度扮演民主自由精神的標杆，就看其是否能夠從政府一意孤行單邊主義的偏執思維中跳脫出來，真正落實美國報業特有的獨立自主性原則。

　　（本文於 2004 年 11 月 17 日刊登於《大公報》評論版）

十六　我所見的公投：

台灣總統大選爭議甚囂塵上[176]

3 月 13 日，我搭乘飛機從廈門經香港返台，登機前心中還在嘀咕著會不會遇上大批回台返鄉投票的台商，鑒於多年來台灣藍綠陣營壁壘分明的對立現象，還是會令我好奇地環顧四周，看看有沒有旅客在討論台灣大選的話題，所幸我回台灣的時間距離 320 投票日還有一星期，並沒有碰上擁擠的人潮，一路上我安寧地飛回台灣，滿懷雀躍地準備要行使我的公民投票權利，順便還可以近距離觀察這場隱藏著「現存的中華民國 v.s 未來的台灣共和國」之爭的總統大選。

媒體操弄亦或是新聞報導

3 月 19 日中午，我正在一家銀行辦事，當時行裏傳出一陣微小的騷動，幾位行員擠在裏面一間主管辦公室的電視機前議論紛紛，我感覺到不太對勁，就向面前的一位元行員探問發生了什麼事情？她便回答我說：「新聞報導陳水扁和呂秀蓮遭到槍擊……」我當時驚訝地立刻迸出了一句話：「在台灣怎麼會發生這種事？！明天就要選舉了，為什麼會這樣？」當時這位女行員竟然回答我一句：「明天你還是可以投票支援陳水扁啊！」我聽到時著實楞了一下，心裏想著：

---

[176] 本文曾刊登於宋慶齡創辦的《今日中國》2004 年 5 月刊。

「明天選舉會不會照常舉行？為什麼有人要將總統受傷和投票給他綁在一起呢？難道人們考慮的不是候選人的施政能力，而是基於同情與施捨政治權力給某人？」

顯然這個突如其來的槍擊事件暫時轉移了人民投票時必須擁有的理智，剩下多的是情緒震撼以及電視新聞畫面傳來一幕幕關於這個事件的直播報導，即刻起，對於新聞媒體而言，所有其他的事都相形遜色了，而台灣民眾的目光同樣地也離不開螢光幕前了，大家都在仰賴記者們對槍擊事件所做的報導，渴望知道所有的事情真相！

我回到家中以後就直奔電視機前，手中不斷地按著遙控器轉換頻道，試圖借著各家電視臺的報導瞭解槍擊事件的最新進展。事實上，3月19日中午1點55分左右，台灣有線電視臺 TVBS 首先報導了台灣總統候選人陳水扁在台南故鄉遭到槍擊的事件，在民進黨總部支持者不敢置信的鏡頭畫面同樣令人震撼心弦！

台灣官方對槍擊事件的第一正式回應，是來自於總統府秘書長丘義仁在319下午3點鐘所召開的記者會。丘義仁說：「因為外界傳聞太多訊息，不願民心浮動混亂，所以出面召開記者會說明，總統副總統希望大家冷靜下來，總統府的處理方式已經啟動所有國安機制，連先生跟宋先生也加強戒備。」丘義仁：「總統是在下午1點45分中彈，先是副總統覺得腳好痛，後來總統發現怎麼肚子濕濕的。」儘管媒體不斷追問總統到底中了幾槍，但是總統府始終沒有說明陳水扁總統是輕傷且安然無恙，這隱藏資訊的動機令人可議！

　　民進黨競選總部緊接著在下午4點40分召開記者會，秘書長張俊雄也說明：「總統、副總統意識清楚，沒有生命危險，但是詳細的病情將會由醫院來說明，至於今晚的造勢晚會也取消」；扁呂競選總部總幹事蘇貞昌：「我們有要求暫停選舉活動並且要求各地競選總部，執政的縣市縣市長必須坐鎮，非執政的縣市主委也要約束群眾，不要有情緒性行為。」

　　連戰聽到這項消息，也不斷表示關切，譴責這樣的暴力行為，並且也取消當天晚上的造勢活動。然而，國親聯盟的支持者聽到晚會取消都痛哭流涕，因為感到事情不妙！不論民進黨正副總統候選人遭槍擊的真相如何，有一點是令人爭議的：就是執政黨利用了消息來源的控制權，有目的地操作了媒體，包括記者會與當晚夜間陳水扁和呂秀蓮發表電視錄影談話等等。簡言之，民進黨執政的國家機器對操作媒體的影響有二：第一，國家機器掌握了行政資訊，媒體往往無法自動取得這些資訊，這妨礙了公眾資訊的流通；第二，行政系統企圖統籌資訊策略，政府與行政官員是有目的、有計劃地主導輿論方向。這樣一來，如果國家機器操弄的是違法的事件，國家機器對公共事務資訊的壟斷將不利於真相的昭示與人民的判斷。

國親陣營的危機與轉機

　　泛藍陣營長久以來都被民進黨所設定的議題牽著鼻子跑，其中一項原因就是民進黨在高唱台灣優先的本土意識進程中，移花接木地在海峽兩岸對峙的情節中，將自己塑造成

台灣的守護者，任何反對民進黨的人就是「中共同路人」，在這種非彼即此的二元對立氛圍中，國民黨、親民黨和新黨等泛藍人士與其支持者只有忍氣吞聲，生怕動輒得咎業已形成本土意識的台灣老百姓。

就如同新加坡中國學者鄭永年所言，自陳水扁在 2000 年當選總統以來，民進黨一直控制了台灣政治發展的「道德」制高點，有了這個「道德」制高點，陳水扁就很容易操弄台灣人的情緒。在 2004 年的這次總統大選過程中，台灣《新新聞》總編輯南方朔亦持這種觀點，他認為台灣選舉並不是「泛綠 v.s 泛藍」，而是「泛綠 v.s 中共」。

顯然民進黨選舉議題操作的手法之一就是把政治對手設定在北京當局，在兩岸緊張的軍事對立關係中，民進黨唯有祭出「中國牌和民族牌」策略，才能把兩個對手變成一個對手，才能迫使台灣內部泛藍軍害怕被冠上「賣台」罪名，被動地跟著民進黨的議題跑，例如從公投法在選前的通過到公投和大選同時進行投票，泛藍軍無形中都在為民進黨專橫挑釁北京當局作出解套或收拾殘局，反倒成為兩岸主權與領土鬥爭中的旁觀者了。

在台北市寬長開闊的凱達格蘭大道一端，是興建於日本殖民地時期紅磚白牆的總統府，另一端則是用深灰色大理石砌成的國民黨中央黨部大樓，旁邊則是中國傳統建築藍瓦飛簷白牆的中正紀念堂，但在台北市這條最富有「首都」氣派的馬路，現在却成了「中華民國」和「台灣」的戰場。

連宋的落選似乎也見到了國民黨的轉機，因為平日門禁森嚴的黨部頓時成了門庭若市的聚會場所，過去國民黨的高

層真的距離民眾太遠、太久了！現在的國民黨必須從群眾中站起來才有希望。自李登輝至陳水扁執政之後，許多民眾早已不滿總統任意獨裁、挑撥族群分裂以及黑金掛勾的現象，連戰與宋楚瑜現階段扮演了這一群人的領頭羊，國民黨唯有成為一個真正的、有實力、稱職的「在野黨」，完全體會與傾聽民眾的訴求，才能贏得民心！中國的孟子曾說：「民為貴，社稷次之，君為輕。是故得乎丘民而為天子！」只有擁有群眾的政黨才能執政！

選後輿情對政治鬥爭的看法

從台灣總統大選結果揭曉、總統府前爆發民眾集會抗爭到遊行落幕的短短七天，可以說是臺灣民主發展的關鍵時刻。台灣《中國時報》3 月 29 日的民調顯示，大選後餘波蕩漾，327 總統府前的大規模抗議活動，台灣人看法仍持兩極化。

該民調也發現，在台灣人心目當中，這段時間主要政治人物的表現以台北市長馬英九最受青睞，獲得 70％民眾肯定，只有 13％民眾不滿意，17％未表示意見。陳水扁、連戰與宋楚瑜三人的表現在伯仲之間，各獲得 40％左右民眾的正面評價。37％的民眾給予阿扁正面評價，44％人覺得他的表現不及格；有 40％的受訪者滿意連戰的表現，但也有41％的民眾給予連戰負面評價；有 38％的受訪者對宋楚瑜的表現給予肯定，也有42％的民眾對他的表現不滿意。

馬英九長年來都是台灣最耀眼的政治明星。這次馬英九始終非常中立和冷靜地應對台灣歷史上最嚴重的示威，不過

民進黨台北市議會議員已經開始嘗試鬥爭馬英九，並且要在520之前展開公民連署要罷免馬英九，看來這些市議員似乎想將罷免案作為陳水扁登基大典的一份獻媚厚禮，以及為自己年底立委選舉鋪路。不過從民眾給馬英九70%的施政滿意度來看，民進黨這些打手更多的是要一場擾亂局勢、不求結果的政治秀罷了！

關於台灣大選之後政情發展，台灣政治大學國際關係研究中心研究員蔡瑋認為，當前台灣情勢並不安定，其中牽涉幾項原因：驗票及真相調查是否引發泛藍進行全面、長期、激烈、大規模的抗爭活動；軍方、警方，公務人員及情治單位未來是否被迫捲入紛爭；學運是否再起；目前隱然出現的第三種社會力量是否繼續壯大；泛藍是否進一步分裂；藍綠支持者會否發生大規模衝突；陳水扁是否能夠贏得統治的正當性；年底國會改選對於台灣政治生態的影響；以及台灣主體意識的走向等等。

總言之，台灣民眾仍關心民主制度的維持與深化，公理與正義的伸張，包括公民投票是否能夠真正成為人民主權的落實，亦或只是繼續停留在被政黨利用操作的議題工具，集會是人民表達意見的自由亦或是社會動蕩的來源，看來單純期望仰賴真正有智慧的執政當局解決問題已經是越來越渺茫。

十七 台灣媒體揭弊影響選情

　　台灣於 2005 年 12 月 3 日舉行了地方縣市長、縣市議員、鄉鎮市長的「三合一」選舉，結果揭曉：國民黨以 14 席比民進黨的 6 席，贏得了地方行政長官過半席位的壓倒性勝利，再加上泛藍陣營親民黨在連江縣的一席與新黨在金門縣的一席以及台東縣無黨籍一席，泛藍陣營以一共 17 席的優勢改變了台灣政治版塊的結構。台灣地方政治勢力由綠轉藍，民進黨的地方政治版圖確定往南退縮。台灣許多評論者認為，國民黨的黨主席馬英九正式跨過了綠營長期盤踞的濁水溪，成功打破了馬英九跨不過濁水溪的迷思與困境。民進黨輸了地方選舉，也顯示了人民對政治明星陳水扁的執政中期投下了不信任票。未來台灣選舉勝負關鍵將是候選人的人格特質，「選人不選黨」將是民眾考量的投票標準。

抹黑伎倆逐漸失靈

　　這次台灣地方首長選舉被認為是負面選舉最嚴重的一次，例如尋求連任的桃園縣長朱立倫、台中市長胡志強以及首度披戰袍參選台北縣長的周錫瑋在選前都遭到對手陣營的惡意中傷，而朱立倫與胡志強已經尋求法律途徑解決其中涉及觸法的部分，以期達到遏止惡質選風的目的。實際上，自從台灣經過政黨輪替以來，每年的選舉都是賄選、造謠抹

黑對手的各種選舉伎倆滿天飛，其中民進黨的萬靈丹就是抹紅泛藍陣營勾結對岸要消滅台灣，過去兩岸關係的緊張也確實讓民進黨有操弄族群議題的空間。然而今年連戰、宋楚瑜和郁慕明等泛藍黨主席相繼訪問大陸之行，徹底破除了「省籍牌」分化族群的魔咒，抹紅在這場選舉中沒有發揮的餘地，因為多數民眾贊成緩和兩岸關係並加強兩岸交流來復甦台灣低迷的經濟。

自民進黨 2000 年執政之後，不但兩岸關係加速惡化，而且民進黨自身與財團勾結，利用各種優惠政策討好財團留在台灣，同時又以高額軍購的預算案討好美國，反而掏空民眾的荷包填補國庫的窟窿，致使民眾生活條件每下愈況，貧富差距逐漸拉大。此外，民進黨政府貪污腐敗時有所聞，台灣股票市場也始終處於低迷狀態，造成民眾荷包不斷縮水，現在民眾已經相當厭惡藍綠政治對立所造成的社會不和諧，台灣民眾這些年來可謂是飽受精神和物質雙重之苦。台灣經過了多次激烈的選舉，民眾已對負面選舉伎倆產生了免疫抗體，選民逐漸從情感取向走向理性判斷，這對於台灣重塑社會價值觀、振興經濟以及穩定兩岸關係有正面實質的意義。誠如馬英九所言：這是真正全體台灣人的勝利，國民黨沒有打敗民進黨，是民進黨他們打敗了自己。

民進黨兵荒馬亂

貪污疑雲聲浪不斷，導致了陳水扁個人的政治聲望頓時大跌。陳水扁在選前發表了電視講話，他說高雄捷運弊案是

謝長廷的事，與中央沒有關係，並表示他與謝長廷的關係有時也相當緊張；他還表示這次選舉是地方選舉不應該拉高提升到中央的層次。陳水扁的講話就是要與高雄捷運弊案撇清關係，也顯示他極力切割這次選舉結果與 2008 年「總統」大選劃上等號。「總統」選前說出這番電視講話顯示了民進黨預料將在地方選舉中失敗。雖然陳水扁出來道歉了，也表示自己絕未涉案，同時民進黨也開除了陳哲男的黨籍，並且檢警也起訴了相關人士，但是這些一連串斷尾求生的消毒動作都不能解除民眾對政府貪污的疑慮。民進黨選舉的步調著實被弊案報導打亂了，整個黨團被媒體揭弊報導搞到手足無措、兵荒馬亂。

　　台灣媒體對於弊案的一連串報導造成了民進黨整體士氣相當低迷，弊案爆發使得整體選舉大環境對民進黨的選情相當不利。因此民進黨參選人都極欲擺脫弊案的陰影。例如台北縣民進黨的候選人羅文嘉立刻喊出了新民進黨運動的口號，試圖為自己在選前與貪污案劃清界線。無獨有偶，準備角逐 2008 年「總統」大選的民進黨熱門候選人包括蘇貞昌和呂秀蓮都表示要徹底清查高雄捷運弊案。高雄捷運弊案其實也直接打擊到前高雄市長、現任的「行政院長」謝長廷。民進黨另一位「總統」候選人的熱門人選蘇貞昌，也為民進黨這次地方選舉的慘敗辭去黨主席一職下台負責。如此一來，民進黨的「四大天王」陳水扁、蘇貞昌、謝長廷和呂秀蓮，最後就只剩下了呂秀蓮還沒有受到嚴重的打擊，呂秀蓮也從不諱言要出來競選「總統」。

從媒體報料高雄捷運弊案到「三合一」地方選舉「綠地變藍天」的形勢看來，民進黨內部分裂已經浮出枱面。民進黨在地方敗選之後的當天晚上，蘇貞昌立即宣布辭去黨主席一職表示負責。反觀掌握實權的陳水扁「總統」僅以新聞稿的方式對外表示對選舉的看法，而新聞稿的內容主要僅是感謝各個候選人，卻未提到要為敗選負責的問題。「副總統」呂秀蓮也不願意出面說明敗選原由，她當然也不希望讓敗選的怒火燃燒到自己，顯示了陳水扁和呂秀蓮試圖與民進黨失去地方執政權的結果撇清關係。這次民進黨輸了地方選舉，嚴重暴露了民進黨內部陷入了分裂危機。從這次民進黨高層的舉動來看，民進黨「四大天王」之間對敗選「負責 V.S 逃避」的對比勢必引起黨內的結怨，民進黨高層之間的勾心鬥角勢必也會瓦解民進黨內部的團結氣氛。

清廉形象獲選民支持

事實上，媒體在台灣選舉文化中扮演相當重要的政治溝通者的角色。例如媒體報導了馬英九在選前聲稱若席次未過半就要辭去黨主席職務的一席話，頓時興起了泛藍支持者搶救馬英九的行動，果然激起了泛藍民眾的投票率。馬英九個人魅力的明星效應被台灣媒體解讀為國民黨獲得壓倒性勝利的關鍵因素，從選舉結果看來果然是達到了高度催票的動作。馬英九與陳水扁被台灣人視為國民黨和民進黨的兩大政治明星代表。在這次地方選舉各大造勢晚會中都可看見這兩大政治明星的身影。

　　這次陳哲男事件讓原本泛綠的支持者也對陳水扁的清廉畫上了問號，選舉結果顯示未來台灣政治人物清廉的人格特質將是獲勝的重要因素。國民黨推出「反貪污、救台灣」的宣傳口號，在選前最後一個超級星期天順勢舉行了一場「反貪污、救台灣」的 10 萬人大遊行，加深了民眾對政府貪污腐敗的印象。從這次民進黨在地方縣市長選舉中僅僅奪得六席的挫敗來看，將來台灣選舉勝負的關鍵就在於候選人清廉的人格特質，看誰能夠真正達成民眾期盼和諧社會與改善生活的願望。

　　（本文於 2005 年 12 月 17 日刊登於《大公報》評論版）

政治傳播
與新聞體制

十八　扁府與媒體陷入激戰

　　最近以來，台灣媒體追蹤報導高雄捷運弊案有越演越烈的態勢，不論是藍綠陣營的人馬都顯示有與媒體聯手打擊陳水扁的意味。這一方面反映出執政當局的民進黨黨內派系鬥爭已經浮出水面，各派系頭號人物將擺脫陳水扁的影響爭奪2008年的「總統」大位；另一方面，在國家通訊傳播委員會成立之後，也顯示了台灣媒體將仍在兩黨之間扮演被拉攏的對象，媒體與政黨之間將會是利益共同體的關係。執政當局的新聞局將失去它的管制與決策功能，這意味著不論是哪一個政黨執政都將無法完全操控媒體，除非台灣進入戰爭狀態或是陷入空前的大災難當中迫使政府宣布實施戒嚴。因此，台灣當局想再度成為「中央集權」的「大政府」的機會將微乎其微，在陳水扁執政初期台灣媒體第四權的角色在經濟陷入困頓狀態時開始減弱，現在台灣媒體開始再度面臨轉型，媒體希望再次成為台灣政治權力結構中具有主導力量的一支機構，看來這次 TVBS 與政府的激戰會再次成就媒體的第四權的角色。

選舉觸發攻防戰

　　台灣當局在今年 8 月大刀闊斧地關閉七家電視台。這一舉措加深了台灣「獨」派政府與統派媒體本已惡劣的互動關係。台灣的電視台多年來一直是民進黨與國民黨政治鬥爭的

公開戰場，爭奪議題設定的操控權一向是政治人物與媒體人的重要政治傳播行為。尤其是在選舉期間，議題的偏向足以加深或改變選民的政黨傾向與投票行為。今年年底將進行縣市長的選舉，民進黨與國民黨已經陷入宣傳激戰。媒體的政治取向成為民進黨當局心中的包袱，因此，從台灣新聞局決定施展手中權力，從撤銷數家電視台執照開始，台灣執政當局的強制舉動促使了泛藍政黨聯手在「立法院」通過研議多年的國家通訊傳播委員會，以解決新聞局動輒激活公權力關閉吊銷媒體的營運執照。

　　新聞局這個具有絕對行政裁量權的管理單位，將被按照政黨比例分配原則的國家通訊委員會取代。也就是說，政府對媒體的管理權將由政府手中轉移到政黨手中。這對於媒體的生存將非常有利，但是這同時也更加深了媒體的政治傾向。「獨」派與統派媒體都將從政治態度取向上的對立轉而變成政治行為上的對立。台灣政黨與媒體的相互依存關係會更加地緊密，然而，媒體扮演監督政府的第四權角色的獨立性將失去實質的意義。從台灣當局吊銷電視台執照，到國家通訊委員會在「立法院」通過，一直到近日以來，媒體對高雄捷運弊案和台灣政府高層涉案的相關新聞的一連串報導行為來看，儼然已經形成了民進黨政府與媒體的攻防戰。而泛藍政黨的立法委員成為了統派媒體揭露弊案的消息來源，這些立法委員背後還有提供消息來源的台灣深喉（Deep throat）。媒體揭露弊案已經讓年底縣市長選舉提前開打，同時引爆了行政部門與媒體的攻防戰爭。

爭奪議題設定操控權

回溯 2000 年時，民進黨文宣組大量製作競選的形象廣告，成功地塑造了民進黨活力清新與清廉反貪的正面形象。同時民進黨也製作了國民黨負面形象的競選廣告，例如其中連米酒都搞不定的廣告，特別勾起了老百姓的不滿，這是因為台灣的進補飲食文化與米酒分不開，在台灣準備進入世貿組織前夕，一瓶米酒從 20 元台幣攀升到 110 元台幣，大大地增加了民眾消費的負擔。當然光靠競選廣告還是不夠的，如果能夠在投票前夕揭露競爭對手的醜聞，那就更具有決定勝負的關鍵意義。

最近台灣媒體不斷將議題設定在民進黨高層涉入高雄捷運弊案與在國外賭場洗錢，這無疑是媒體對台灣政府撤銷媒體執照的反撲。其中有線電視台 TVBS 首先公布了陳水扁前總統府副秘書長陳哲男與前高捷副董事長陳敏賢共赴韓國賭場的照片，這不但引發台灣當局揚言要撤銷該電視台執照，同時也引發了民進黨內部派系爭權的鬥爭。上世紀九十年代初 TVBS 開設了「2100 全民開講」的政論性節目，首開台灣電視媒體節目接聽民眾叩應的先河，這一舉措對當時民進黨而言無疑是非常有利的。因為國民黨長期在台灣執政，其對媒體多年的管控早已引起新聞界人士的不滿，這種不滿也同時存在於學者、大學生和許多民眾心中，而媒體的公開論壇等於提供社會大眾宣洩對政府政策不滿的渠道。當時媒體普遍也比較憎恨執政黨而同情在野黨，這與國民黨執政多年與媒體結下的怨恨有關。台灣的媒體也普遍以政府的

監督者為由，新聞報導對執政當局形象極為不利。加上民進黨善於製造議題，與媒體需要議題不謀而合，政治人物與媒體這種幾乎是餵養關係的傳播形態，有利於民進黨推出打擊國民黨形象並且塑造民進黨正面形象的文宣攻勢。

陳水扁陷入政治危機

　　這次台灣媒體相當積極追蹤報導高雄捷運弊案，這使得陳水扁陷入當選台灣領導人以來最大的政治危機。首先，民進黨黨內派系鬥爭已經浮出水面，各派系積極爭取年底縣市長的地方執政權力，這將是 2008 年民進黨推出「總統」候選人的重要政治資源，各派系人馬屆時勢必合縱連橫，陳水扁將被迫削弱自己對提名「總統」候選人的權力。當前民進黨內有可能角逐「總統」大位的現任行政院院長謝長廷、民進黨黨主席蘇貞昌、以及現任副總統呂秀蓮都將與陳水扁政府弊案的事情劃清界限。其次，台灣媒體在被新聞局吊銷執照或被威脅關閉電視台之後，照理說應該是噤若寒蟬。然而，這次媒體卻是鋪天蓋地追著雙陳窮追猛打，其之所以敢於大量報導政府醜聞，這不但顯示了執政者的窘境，同時也反映了在國家通訊傳播委員會成立之後，台灣媒體在兩黨政治鬥爭中將是被爭取籠絡的對象。執政黨任何打擊媒體的舉動都將適得其反，這一點已在近期 TVBS 的政論性節目「2100全民開講」和「新聞夜總會」的攀升收視率中體現出來。

（本文於 2005 年 8 月 16 日刊登於《大公報》評論版）

十九　台灣政黨爭奪媒體制高點

　　選舉期間，台灣電視台不但有明顯的政治立場，還能有高額利潤，觀眾則必須每逢選舉就忍受政治立場撕裂的各種叫囂畫面。政治人物與媒體相互利用，各取所需，民眾則被利用在這種選舉戲劇中扮演低廉的配角演員。

　　今年台灣 83 家衛星有線電視面臨六年一次的審議換照，初審時有 23 家電視台未通過，與台當權關係友好的民視與非凡財經台則順利通過了初審。許多電視台主管都趕緊吩咐部下要多派 SNG 車採訪謝長廷閣揆的活動，多捧政府的場以緩解彼此間的緊張關係。終審結果有幾家色情頻道未能過關。另外，較引人爭議的是，有幾項節目曾獲得金鐘獎殊榮與業界肯定的東森 S 台也未能過關。看來民進黨當局不但要壓縮國民黨在無線電視台的生存空間，還要打壓親國民黨的有線電視業者。對此，筆者在上次專欄中已經介紹過。2000 年，台灣政權經歷政黨輪替，2004 年，陳水扁拜兩顆子彈的「3.19」事件之賜，險勝「總統」大選，當選後即成為跛腳「總統」，真相未能大白之前，就是名不正、言不順。接下來，民進黨必須要贏得 2008 年「總統」大選，才可能在台灣長期執政。而國民黨中生代接班已確立，新任黨主席馬英九是形象極好的媒體寵兒。因此，為因應 2008 年「總統」大選，掌握媒體資源將是爭奪「總統」大位的決定制高點。

整頓媒體為大選鋪路

　　台灣當局整頓有線電視的目的是為了 2008 年「總統」大選鋪路。東森 S 台被指節目廣告化未能獲得經營權，而東森新聞台卻成功過關。這樣的結果雖令外界驚訝，不過，新聞局長姚文智卻表示已經對東森電視台不錯了。言下之意，總比關閉東森新聞台要好，這是政府給他們的一個小小的警告。台灣新聞局衛星電視審議會這樣的決定可能基於兩個考量：首先，關閉新聞台不免讓外界質疑打壓新聞自由，而關閉東森 S 台同樣能給東森媒體高層施以威嚇力；其次，東森集團總裁王令麟政商關係綿密，遊走於兩岸三地的國民黨、民進黨與共產黨之間，東森是台灣在大陸布局最積極的媒體。民進黨政府試圖要滅他的氣焰，這似乎令王令麟也感到錯愕。

　　據 8 月 2 日台灣的《中國時報》報導，由於東森 S 台未能換照成功，該台員工士氣低落，擔心飯碗不保，東森集團總裁王令麟於 8 月 1 日從凌晨開始與台內主管召開危機處理會議一直至天亮，一早即進行安撫員工的情緒，並表示說：「即使我自己沒飯吃，也不會讓員工丟飯碗。」對於東森 S 台的 300 多名員工、播出節目、廣告、主持人的合約問題，東森媒體的高層也有了初步緊急應變方案。

　　有線電視的前身是社區共同天線，在偏遠地方用來傳輸無線電視台的信號，扮演的是轉播的角色。後來有業者自行架設線纜，放映外地電影、運動比賽和色情片招攬生意。1982 年，台灣的新聞局遂開始研擬計劃，欲將非法第四台納入管

理當中。1987 年台灣解嚴之前，當局曾經取締非法發射塔248 件，減除線纜 58 萬多公斤，沒收強波器 4 萬多個。不過，這仍無法取締非法線纜業者。因此，將有線電視經營合法化的呼聲遂逐漸高漲。

有線電視與權錢掛鉤

1992 年，在美國 301 報復條款的壓力之下，以及各方政黨與利益團體的號召，其中包括代表國民黨利益的博新多媒體公司、現東森媒體集團總裁、前立委王令麟主導成立的有線電視發展協進會、現真相電視台董事長、前立委周荃率同第四台業者成立的「中華民國有線傳播發展協進會」、民進黨立委洪奇昌為首與部分線纜業者組成的「台灣民主電視台全國聯合會」、代表美國片商的美國影片出口貿易協會等組織，紛紛組織起來，共同促使有線電視法案在「立法院」順利通過。一方面，業者看準的是台灣有線電視發展初期預計每年 300 億台幣以上的商機；另一方面，也可緩解台灣線纜業者盜版侵權導致美國片商利益損失的情況。

台灣的有線電視市場經過系統播送業者之間的水平整合，以及系統業者與頻道經營者（頻道節目供貨商）的垂直整合，基本上已經形成力霸東森集團與和信集團佔據全台三分之二市場的霸權局面。自李登輝主政時期開始，兩大媒體集團與政府高層互動密切。例如已故的辜振甫代表的是和信集團，他曾是「中華民國工商協會」理事長，代表台灣參加過 APEC 會議，擔任促進兩岸交流的海基會會長，他在政界

的影響力不言而喻。另外，東森集團總裁王令麟又多次擔任
國民黨的不分區立委，其父王又曾曾任台北市商業會理事
長、「中華民國全國商業總會」理事長，王家也是政商關係
緊密。

　　台灣各地有線電視的系統業者當中基本上是地方派系
林立，這與台灣選舉重視地方綁樁的傳統有關。此外，有線
電視台在選舉期間的高額商機，是點燃台灣選舉激情的主要
催情劑。每家新聞台有一定數量的 SNG 衛星新聞採集直播
車，24 小時不斷現場轉播各政黨候選人的造勢晚會。尤其
政黨與政治人物的造勢晚會與形象廣告，不但可以讓電視台
賺進幾千萬台幣的大筆轉播費用，還可以達到增加收視率和
吸引大量廣告的外溢效果。選舉期間，台灣的電視台不但有
明顯的政治立場，還能有高額利潤，充分體現金錢、權力與
媒體掛鈎的惡質現象，觀眾則必須每逢選舉就忍受政治立場
撕裂的各種叫囂畫面。政治人物與媒體相互利用，各取所
需，民眾則被利用在這種選舉戲劇中扮演低廉的配角演員。

政論節目流於表面工夫

　　在台灣有線電視線纜鋪設率超過八成，它較無線電視台的
優勢就是沒有過去威權體制的包袱，最重要的是，多家有線電
視台擁有 24 小時全天候滾動的新聞頻道，隨時報導最新消息。
因此，有線電視頻道是候選人造勢宣傳的最佳宣傳管道。

　　台灣的有線電視法比較偏重在更正與答辯的名譽恢復
權利上面，而選舉前三個月的「時間均等」與「平等機會」

原則因為會影響電視台的收入，電視台多不願為之。如此一來，有些政論節目就流於公平原則的表面工夫，讓對立的政治人物進行口水戰，同時刺激觀眾的對立情緒，好讓這種辯論永無止境的進行下去，收視率就有保障了。但問題是，政治人物在媒體上宣傳要花錢，台灣的政治人物要擺脫權錢與媒體掛鉤的現象似乎很困難。

（本文於 2005 年 8 月 30 日刊登於《大公報》評論版）

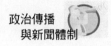
政治傳播
與新聞體制

二十　台灣電視「去中國化」

　　台灣有線電視台今夏的換照審議結果再度引起各方爭議，電視媒體的「公共化」或是「商業化」模式之爭持續燃燒。自上個世紀的八十年代末期，台灣媒體開始全面進入快速轉型發展階段。蔣經國去世之前解除了戒嚴令，不但平面媒體得以解除「報禁」（限證、限印、限張）的桎梏，並且在九十年代初期，非法的有線第四電視台也獲得就地合法的機會，形成了公營、民營電視媒體雙軌運行的傳播環境，這一時期被台灣人視為政治民主化與新聞自由化的里程階段。

　　然而，這一發展趨勢是在美蘇兩大陣營結束對峙與美國推動經濟「全球化」的大國際戰略環境背景下形成的潮流。台灣的傳媒業在這股潮流中順勢而為，有線電視財團化是對無線電視台長期壟斷視聽市場的反動，而倡議無線電視台的「公共化」，又是台灣現今另一股對有線電視財團化的反動勢力。

　　黨政軍退出媒體和無線電視台「公共化」是民進黨在野時期提出的主張。不過，民進黨執政之後的積極「台獨」政治作為，快速升級了大陸對台灣動武的可能性，例如大陸《反分裂國家法》的通過，兩岸關係的緊張造成了外地投資者的卻步。此外，「台獨」勢力「去中國化」是自絕於大中華文化圈之外，台灣政治、經濟與文化的局限性從外部環境就大大地制約了台灣電視「公共化」的理想發展願景，因為經濟

衰退將限制公視充裕預算的提供，而「去中國化」將制約公
視製作更多弘揚中華文化的節目，只著重在台灣內部，這將
導致讓台灣媒體陷入「邊緣化」與「區域化」的空前危機。

電視節目本土化趨勢

　　台灣電視節目的「本土化」趨勢，可以說始於李登輝第
二任執政時期。「本土化」在很長的一段時間內表現在以「閩
南語」發音的新聞節目和連續劇製播上面，目的用以區隔長
期以來國民黨在兩蔣執政時期所推行的「國語」（普通話）
運動。以「閩南語」地方語系為主的語言符號政治，凝聚了
在台灣本島上佔據 70％人口結構的福佬人的文化與情感，
這使得在 1949 年以後從大陸移民到台灣定居的外省人，感
受到由於自己是少數人口而遭到排擠的氣氛。而與此對比的
是，台灣客家族群與原住民卻成為「本土化」趨勢中被當前
主流政治人物拉攏的對象。

　　台灣這幾年以來所進行的各種選舉，幾乎都是以非彼及
我的藍綠大對決的宣傳手法爭取選票，導致了社會大眾情緒
的二元對立與族群分裂，政黨之間的政治爭鬥凌駕一切公民
利益。電視每天都充滿各種政治議題，來賓主要以政治人物
為主，但為何各種討論仍無法遏止台灣的政治對立和振興經
濟？其中不乏各種因素，但是與大陸之間缺乏良好的互動關
係恐怕是主因，這也就是今年泛藍陣營領導人率團紛紛前往
大陸的原因，訪大陸是希望兩岸能夠建立定期的對話機制，
以突破台灣當局「鎖島政策」所帶來島內的各種困境。

　　電視媒體原本擁有的弘揚多民族文化的功能，無奈在政治人物動機不單純的情況之下而遭到踐踏。由於台灣內部政治人物的權力爭奪，讓台灣在推動文化復興與融合的過程當中逐漸置身於大中華圈之外，於是造成了台灣電視傳媒根本無力在維護與發揚中華民族文化上發揮作用，區域性的「本土化」節目只好成為台灣文化的主體。台灣電視媒體節目「本土化」的趨勢，成為了李登輝執政晚期與民進黨執政後的主流文化。

公共化與商業化之爭

　　公共電視是歐洲乃至許多國家弘揚民族文化與確保節目多元、分眾的最佳模式，不過在上個世紀九十年代中葉以後，各國為了擴大本國的影響力和拓展國際媒體市場，公共電視台中的典範例如英國廣播電視公司就出現了國內與國外兩種不同的經營模式與思維意識。

　　在台灣被稱為政治亂象來源的有線電視頻道，其實在1993 年被當局合法化之後，當時代表的是台灣政治民主化與新聞自由化的典範，這是相對於台灣無線電視三台：台視、華視、中視在國民黨執政時期由省政府、國防部、國民黨分別出資經營的官方媒體而言。當時在解嚴之後，有線電視財團化，事實上是符合台灣發展政治多元、節目多樣的視聽需求。此外，也符合美國對台控制所進行文化殖民的利益。有線電視在追求商業利益的取向之下，快速地捕捉到台灣政治權力爭奪的發展趨勢，以大量的政治醜聞、政黨之間

的爭論作為新聞來源，再加上各種災難事故和媒體製造的各種無關公共利益的街頭巷議的話題，決定了公眾每天的收看內容取向。這就是台灣學界與民間監督媒體單位稱之為羶色腥的新聞。

目前台灣有五家無線電視台：老三台、民視和公視。無線電視台「公共化」主張者希望政府釋出台視與華視的股份，與現有公視搭建一個更大的公視平台，公視為全民所有，主要資金由政府直接預算補助。而推動無線電視台「公共化」是台灣另一股認為解決有線電視頻道節目亂象的方法，因為要直接控制有線電視頻道的節目製作方針難度太高。再者，有線電視台背後的財團，一部分是民進黨選舉政治獻金的來源，民進黨政府目前只能以換照、撤照的行政手段對親國民黨的電視台與節目施以壓力。在台灣以財團金主為支持的選舉政治，註定在兩蔣威權政治結束之後，不論是過去李登輝執政的國民黨時代，還是現在陳水扁執政時代，都無法解決有線電視台財團化的問題。

符合美國全球傳媒戰略

因為有線電視台的存在不但符合美國傳媒的全球戰略的利益，也符合執政的民進黨掌握媒體發言平台的政治利益。因此，希望對有線電視進行改革目前仍是緣木求魚。無線電視台卻是「公共化」首選的出路。首先，黨政軍退出媒體和無線電視台「公共化」是民進黨在野時提出的主張。民進黨執政之後雖有若干舉措，但仍然是雷聲大、雨點小，其

主要原因應與台灣「台獨」政治為主軸有關。因為這樣的政治環境影響了民心安定與外地投資者的信心，如此一來，台灣的經濟發展勢必受到政治封閉的阻撓。缺乏資金投入與「本土化」自絕於大中華文化之外的因素，都從外部環境制約了台灣電視「公共化」的發展。

在美國長期與前蘇聯冷戰的軍事對壘期間，美國趁著二戰歐洲經濟受創之際，以「民主」與「自由」為號召，率領歐洲國家與前蘇聯為首的共產聯盟形成完全對峙。「民主」與「自由」長期以來一直是美國干涉他國內政與意識形態操控的良方。由於美國沒有受到兩次世界大戰的摧殘，以安全的環境吸納了受兩次世界大戰迫害下的全球優秀人才，並且在歐洲與亞洲經濟復甦之際，有足夠的時間進行經濟的發展，人才濟濟的美國終於發展成為世界經濟、政治與軍事的強國。

然而，維繫美國強國的利益必須建立在控制他國內政的基礎之上。因此，美國傳媒就以文化霸權的姿態侵入各國，軟性的文化殖民取代過去強硬軍隊殖民的做法，更不容易遭到當地居民的察覺與反抗。但文化殖民的建立促使美國必須先讓政治威權的地方開放門戶。「經濟全球化」與「政治民主化」最能直接引起當地反對派的呼應，這多半是在威權政體與極權地方內，這也反映了一種政治資源分配不公與人才苦無機會出頭的結果。

（本文於 2005 年 11 月 10 日刊登於《大公報》評論版）

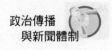

二十一　台灣論政節目亂象持續

　　據新加坡《聯合早報》駐台北特派記者林琬緋 8 月 3 日的報導，在亞洲華人觀眾群中頗具影響力的台灣「東森電視公司」屬下的「東森新聞 S 台」，在執照更新決審中沒有過關，被令 48 小時後午夜零時起，正式停播。這是台灣新聞局為抗衡新聞亂象、整頓電視媒體而狠下的重手。除了東森新聞 S 台，另有 6 個衛星電視頻道也被撤銷執照，包括：龍祥電影台、以情色內容為主的彩虹頻道和蓬萊仙山、CASA頻道、華爾街財經台及歐棚衛星電視台。

　　而東森新聞 S 台是這次唯一遭撤照的新聞台。另四家在初審時不過關的全天候新聞台：東森新聞台、TVBS 新聞台、年代新聞台及三立新聞台，經複審面議和說明後，驚險過關。其實台灣《聯合報》在 7 月 31 日的報導中就指出，衛星電視台在六年一次的審議換照中，有一家重要的電視台和多家電視頻道存在換照危險，台灣新聞局內部人士表示，五家初審未過關的新聞電視台在衛星電視換照委員會最近複審面談記錄時，對內部公布在歷次違規記錄最多的電視台是東森新聞台，同時年代與 TVBS－N 的違規記錄也不少。被審議委員會關切財務運營情況的是年代電視台，及另外一家電影頻道龍祥電影台，但這兩家都對審議委員會提出電視台未來的增資計劃，以改善自己現在不好的財務情況。令人不解的是最後東森新聞 S 台卻被停播了。

操控意識

台灣的大眾普遍認為媒體中的談話性節目已經成為台灣政治的亂源。這次對媒體的治理只是第一步而已。台灣電視台的談話節目在 2000 年「總統大選」之後，進入全面發展的階段。這類談話節目總的話題一般都直指未來四年後所進行的「總統」選舉，這主要是南台灣人民在總體的發展實力完全落後於北台灣時，南台灣人在陳水扁的帶領之下發現南台灣人手中的選票其實是台灣政治版圖中最有力的武器，而北台灣人發現現今的台灣總統並不是他們心目中的候選人，這樣在接下來的四年當中，台灣電視台中的談話性節目成為名副其實的第二個台灣「立法院」的「國事」論壇。

隨之而來的是在 2002 年底，一股來自真正南台灣的閩南腔的主持人卻開始了自己的「台灣心聲」主持之旅。南台灣的觀眾基本上都在收看該主持人的節目，台灣的傳播學者和業者也都開始研究這一現象。問題是南台灣的觀眾是喜歡他本人的閩南話呢，還是在節目中可以用閩南話暢所欲言？談話性節目成為政黨與政治人物選舉的工具，而媒體人同樣陷入不可自拔的境地。煽動受眾的情緒成為電視收視率的保證。筆者在台灣的一月有餘的參訪過程當中，發現若擺脫意識形態的操控，就某些方面來講，台灣並不存在所謂的藍綠問題，隱藏在藍綠問題後面的是台灣人才的南北問題和年齡層的問題。

分化省籍

台灣在整體的發展過程當中，前領導人蔣經國基本上把人才的培養分為兩個方面，首先列為優先培養的人才是來自中國大陸的人才。這其中老一代以孫運璿為代表，而新一代以馬英九為代表；另一方面在所謂的本省人的人才方面，老一代以李登輝為代表。在當時資料顯示，蔣經國是希望孫運璿成為台灣未來的領導人，但在孫運璿中風之後，蔣經國培養接班人的計劃被完全打亂，台灣人才本土化便被提上議事日程。如果按照當時蔣經國當初的設想，台灣領導人應當是本省與外省人領導人相互交替，形成人才的互補優勢。

在李登輝執政期間，李登輝本人為保持自己的政治優勢，採取所謂民主的直接選舉制度，而美國其實也只是採取選舉人制度，基本上美國的民主選舉還是間接選舉。李登輝在選舉過程當中採取本省人與外省人的分化政策，這使得李登輝不論在任何時候都靠人口結構取得簡單的多數選票。如果說這在國民黨一黨獨大的時候還適合的政策，這在陳水扁執政期間就變成謀略的一部分，最後在 2004 年的選舉當中變成任何地方都十分罕見的選舉割喉戰。

錯失監督機會

1998 年，素有國民黨黨校之稱的革實院就曾經編列 500 萬台幣的預算，來培養 300 名叩應節目的「名嘴」。而此時台灣有線電視台總經理同時還是「2100 全民開講」的主持人李濤，成為國民黨心目中的首選教官，但在李濤的一句「我

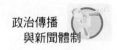

為什麼要替國民黨開課」，而使得革實院的這項計劃的執行力度大打折扣。那麼台灣媒體與政府、在野黨是何種關係呢？此時國民黨的實力與管理能力還是十分強大的，這一點我們可以從台灣經濟還保持高度增長看出來。在 2000 年之後，陳水扁只是以非常微小的差距獲得選舉的勝利，這樣就形成了我們所看到的朝小野大的局面，這種局面的實質意義就是政府是弱勢的，但在野黨由於沒有實質的行政權，那麼在野黨也是處於弱勢的狀態。在兩者都處於弱勢狀態的情況下，媒體此時卻沒有受到任何傷害，媒體完全有可能成為台灣政府和在野黨的監督單位，但媒體卻再次浪費了這樣的機會！

成本低利潤高

其中主要的原因是在於三個方面。首先，媒體陷入短線利益當中，這最主要的表現是政治談話性節目氾濫。談話性節目的特點就在於製作成本低、政治攻擊力強，在一般性的談話性節目當中，每位來賓的酬勞一般為 5000 元台幣（合 1000 元港幣），這樣具有超額利潤的談話性節目成為電視台收視率和利潤的主要來源。另外，電視台又充滿了 SNG 的現場新聞，這樣就出現了在同樣的新聞現場，SNG 車排隊的奇觀。在沒有新聞可報的情況下，台灣的某家新聞電視台還會出現現場直播老太太的美容技巧的新聞，主持人還會跟老太太現場連線，不知這樣的新聞製作是否是新聞資源的浪費。台灣媒體人李濤在接受《新新聞》雜誌的採訪中指出，現在的談話性節目已經沒有真相，參加節目的來賓都在講廢

話、文不對題。問題在於如果來賓提出真相的話，不管問題出在哪一方，政治上的帽子就會馬上扣了上去，這是藍綠之間的「魔咒」，這直接的後果就是族群的利益和政治人物為台灣打拚都成為紙上談兵。

　　台灣的政治人物經常談論媒體的亂象，尤其是談話性節目所帶來的煽動性和社會新聞的畫面的殘忍性。其實如果按照歐洲國家媒體發展的規律來看，以及香港電視媒體發展的經驗而言，制止台灣媒體亂象不是一件非常艱難的任務，不需要用到撤照這樣的強制手段。比如畫面殘忍的社會新聞都放到晚上十一點後播放（歐洲模式），政治談話性節目也都放到十一點後播放（香港鳳凰台模式），這些只是初步的措施，之後要強勢的政府來執行更多的、有效的措施，但這在陳水扁還處於弱勢「總統」的情況之下是一件不可能的任務，應該說台灣這樣的媒體亂象還會持續到 2008 年左右。

　　（本文於 2005 年 6 月 22 日刊登於《大公報》評論版）

二十二　台灣媒體為何不重視連戰

　　2005 年 4 月 25 日國民黨主席連戰在對大陸訪問之後，連戰的政治生涯再次進入高潮，但連戰是否競爭黨主席成為媒體關注的焦點。為此，台灣《新新聞》雜誌在 952 期中登出「放手吧，拜託」的專刊，在雜誌中黃創夏發表了〈連戰，不要戀棧！〉的重量級文章。筆者認為這主要是連戰對於媒體的運作方式不適應才造成的新聞效果，現在連戰的大陸之行已經為未來國民黨的發展定調，就是兩岸的政黨是競爭與合作關係，不是敵對關係。

台灣執政者有定調傳統

　　筆者認為這次連戰主席的大陸之行是為台灣未來的發展定調，而連戰為台灣所定的調就是兩岸和平發展與互助雙贏，兩岸的政黨是競爭與合作關係，不是敵對關係。自台灣領導人蔣經國以來，台灣的三任領導人都有為後來接班領導人定調的習慣，在蔣經國執政的後期，儘管蔣經國本人開放政黨註冊、解除報禁，但蔣經國同時還開放兩岸的交流，這使得兩岸發展進入完全不同的境界。

　　試想如果是李登輝的話，他是否有這樣的魄力呢？那非常有可能台灣與大陸的發展一定是走走停停，按照李登輝的個性，一定是自己單贏，而不是雙贏。在李登輝執政的後期他提出「兩國論」，為後來的接任者陳水扁的執政定調。對

於這一點，台灣星雲法師在接受鳳凰衛視的採訪中也提到：
陳水扁也曾經試圖改變民進黨只有「台獨」人士支持的窘
境，但在旁邊人的影響之下，使得陳水扁動彈不得。看來李
登輝的「兩國論」在台灣儘管已經沒有太多民眾的支持，但
李登輝卻利用自己在「台獨」人士的影響力而發揮關鍵少數
的作用，使得「兩國論」還在苟延殘喘。現在國民黨面臨黨
主席換屆選舉，但兩位黨主席候選人嚴格上講他們並不是國
民黨精神的繼承者，甚至有的候選人還提出國民黨改名、「制
憲」在某些時候是可以作為選項的。另外馬英九作為最熱門
的候選人，在媒體的大量報導之下看來好像是馬英九有拯救
國民黨的能力，但以筆者長期的觀察，馬英九即使是當選黨
主席甚至是在最後時間當選台灣總統，他也會更多的受到美
國因素的限制。

　　作為領導人其最終的特性基本上有兩點，第一，就是領
導在上台之後就要為國家或者政黨挑選未來的接班人，其實
這並不是亞洲國家和地區的特例，在美國，據資料顯示，老
布什早就在為培養小布什而費盡心力；克林頓在職期間也在
為培養自己的太太希拉里創造條件；俄羅斯前領導人葉利欽
也在培養接班人上費盡周折、三易人選。第二，就是領導人
對民眾所展現的群眾魅力，對於這一點台灣前領導人蔣經國
做得最為出色，直到現在台灣很多民眾都很懷念蔣經國到鄉
下視察時的風采。

領導者挑選接班人

連戰主席在這次8天7夜的參訪過程當中的表現是可圈可點的，但其中最有意思的現象就是連戰的踏實個性卻意外地與大陸媒體有了良性互動。首先，中央電視台在現場直播連戰整個參訪與講話時沒有任何廣告，這使得大陸觀眾能夠較為平靜和全面地了解連戰。相反，連戰在台灣的講話從2000年國民黨下野後就沒有過全面播出了。同樣，如果陳水扁也有同樣情況的話，那他在媒體時間段也會變得非常少，這使得陳水扁現在更加擅長情緒性語言的應用。其次，央視以完全的待客之道來禮遇連戰，央視的主持人完全不介紹連戰在以往的講話中不好的習慣，相反，台灣的記者更加關心連戰在講話中的小問題，譬如，連戰這次是否有眨眼的習慣，連戰是否還有看稿的習慣等等。這使得台灣媒體看起來更加充滿刻薄、不厚道的感覺，這充分暴露了台灣社會現在兩極對立、充滿矛盾的現實。

小島竟有5個全日新聞台

連戰本人在台灣不受媒體的重視是非常明顯的事實，這基本上屬於台灣媒體自身發展當中自身問題的部分體現而已。台灣電視媒體在解禁後十幾年的發展過程當中，在有線電視台加入媒體大戰之後，電視媒體進入惡性發展，其中尤以24小時新聞台的出現為甚。這樣一個小島，如何能夠支持5個24小時的新聞台的運行？台灣是否有這樣多的新聞可以報導呢？答案當然是否定的，譬如香港這樣的都市都無

法支持一個 24 小時的新聞台，在整個歐洲除英國 BBC 外，也只有「歐洲新聞」一個 24 小時新聞台。在俄羅斯這樣大的國家，尤其在前蘇聯解體之後，俄羅斯更加需要一個新聞台來宣揚現在俄羅斯整體國家的價值，但俄羅斯直到現在並沒有一個 24 小時的新聞台，中國大陸也只有中央電視台所擁有的一個 24 小時新聞台。這麼多新聞台的出現應當是李登輝的政治布局。因為李登輝知道在他下台之後，他所倡導的很多政策都將會是非體制性的，需要更多非傳統性的電視台傳達自己的聲音。

　　法國已故社會學大師布赫迪固（Pierre Bourdieu）對於記者有一個非常有意思的解釋。記者之所以重要，因為他們事實上擁有大篇幅製造和傳播諮詢工具的獨占權，而記者透過這些工具控制了一般公民和其他文化生產者，如學者、藝術家、作家等可達到公共空間，即達到擴大傳播的通道。記者在文化生產領域占據的是一個低階層的、被宰割的位置，記者卻掌控了公開表達、具有公共存在、被人認出、出名的工具（對於政治人物和某些知識分子而言，乃是一個重大的爭奪焦點）。但在結構上而言，記者與某些知識分子仍屬於結果上的弱者，因為這些人依然需要依靠媒體來傳達自己的聲音。對於這一點，電視媒體尤為突出，記者與在電視媒體上經常出現的知識分子對於電視媒體的依賴尤其嚴重。在這一點也許可以解釋為何在中國多數的具有博士學位以上的知識分子更加願意進入通訊社與報社，而不選擇電視台。

連戰與大陸媒體合拍

　　台灣的電視媒體發展在進入惡性競爭的環境之後，連戰所具有的始終如一的個性對於台灣的有線電視而言並不具有任何商業價值，那麼我們在看到連戰演講的具體內容也許還不如在他演講中出現的枯燥、令人昏昏欲睡的場面似乎更有價值。

　　筆者在 1998 年 7 月就曾親自聆聽過連戰先生的演講，當時就感到連戰先生對於經濟問題非常精通，但在整個演講的某些時候的確出現了非常枯燥的場面，記者如果只抓住小問題，那麼，對於連戰先生的認識和報導就會流於偏激與不準確。在這次記者招待會上，連戰先生對於台灣記者的回答基本上是以一種教訓的口吻來進行。並且，大陸中央電視台的記者在與台灣記者或者學者的對話中，台灣記者或者學者對於連戰先生進行所謂的平衡性的報導與分析時，大陸記者基本上採取打斷或者不聽的態度，例如：央視的「東方時空」的節目中，台灣東森的記者希望在該節目中大談連戰在台灣中正機場出行時受到抗議一事，但大陸記者認為連戰是大陸請來的貴賓，抗議一事是台灣自己的事情，因此該名記者的講話被當場打斷。

　　連戰先生此行為台灣的發展定調，是連戰成為台灣歷史上著名領導人必然要走的一步，因為前政客李登輝定出的「兩國論」現在看來已經基本破產，如果台灣現領導人陳水扁再堅持不承認「九二共識」，那只有死路一條。大陸媒體意外地與連戰的氣質合拍，使得連戰為台灣發展定調變得非

常成功，兩岸的政黨是競爭與合作關係，不是敵對關係，這
也是平衡美國因素必要的條件。

（本文於 2005 年 8 月 8 日刊登於《大公報》評論版）

二十三　台灣進入「冷選舉」時代

　　2004 年 12 月 11 日的台灣立委選舉結束。總的來說，內地輿論認為，這次選舉反映了「台獨」的失敗；而台灣方面有的輿論認為，泛綠未過半是陳水扁在選舉中採取了「躁進」的策略，導致台灣人民清楚看到了美國政府並不支持陳水扁企圖改變台灣現狀的做法。例如，台灣《聯合報》選後民意調查發現，陳水扁選戰期間提出的「正名、制憲」訴求，僅獲得二成九選民的認同，而五成反對。這證明陳水扁的民粹牌已經受挫，這樣在未來的四年間台灣的選舉政治裡「冷選舉」成為可能。

立委選舉上熱下冷

　　回溯到這次立委選舉前的一個月，當時台灣的立委競選總體被認為是「上熱下冷」的局面，上面的政治人物無論是立委候選人還是各黨的主席，基本上都是卯足了勁頭為自己黨派的候選人助選，但是台灣的民眾並不是非常地買賬，這主要是因為各黨候選人的競選訴求對於選民沒有太大的吸引力。但另外一方面來講，候選人的訴求越來越與政策無關，比如有的候選人強調自己人格魅力，有的則強調自己的草根性等等。因為缺乏政績的候選人知道，政策的嚴肅性似乎無法燃起選民的熱情，更何況自身也沒有什麼政績可拿出來炫耀。

　　這次立委選舉基本上與 2004 年上半年的「總統大選」形成了鮮明的對比。如果選舉一旦進入兩軍對立的你死我活的境界時，儘管泛藍在民調中一直占有優勢，但在發生「3·19」槍擊事件之後，台灣以閩南人為主體的閩南沙文主義就會馬上發酵。這是一個非常怪異的現象，它並未隨著地域或者兩岸而變得有差異。比如，在「總統大選」之前，當時筆者就在廈門市中的閩南人中做過口頭調查，結果發現有相當部分的閩南人對於陳水扁頗具好感，並且有一些人表示如果自己有投票權的話，他們也會投陳水扁一票，而其理由相當簡單，就是陳水扁是閩南人，他可以聽懂陳水扁的講話，閩南人中出了「總統」是件不簡單的事。台灣的台南人同樣經常這麼說。據此我們可以看出，大陸政府應該要多了解對岸的閩南族群，而且對自己的閩南族群也需要增加了解，這包括閩南人的性格、習慣與風土人情等等。

　　2003 年的台北市長選舉，當時台北市長馬英九就以「冷選舉」而獲勝。所謂「冷選舉」指的是馬英九沒有插宣傳旗幟，沒有宣傳車遊街拉票，沒有煽動群眾的憎恨情緒。馬英九的電視宣傳片是以他施政的紀錄片來展現他個人的魅力，沒有推出攻擊對手的競選廣告。馬英九還大方接受民進黨候選人李應元的電視辯論挑戰，兩方針對台北機場遷移、台北縣市水資源共享、興建巨蛋棒球場、垃圾袋收費等等市政議題進行公開辯論。馬英九與李應元並沒有太多人身攻擊的正面交鋒。即使民進黨候選人所列舉的任何有關馬英九在之前四年市政上的所謂缺失，馬英九一律都讓市政府發言人來低調回應。馬英九不出面的理由則在於真正的選舉時間還

未來到。而在真正競選階段的時間內，馬英九則採取向市民
全面介紹自己的施政理念，同時他對於國民黨前主席李登輝
也採取禮讓與忍讓的態度，這使得民進黨在族群議題上無法
發揮。那麼，整個台灣選民中的閩南族群就會進入一種平和
的狀態。在這種狀態之下，台灣選民就會重新拾起對於選舉
的信心。只有讓選舉成為全面檢討自己生活質量的行動，台
灣的選舉才會向代表穩定方向的泛藍方面傾斜，否則在激烈
的選舉當中，以閩南為主體的選民最後還是會將手中的選票
投向草根起家的民進黨。所以，2003 年的台北市長選舉被
泛藍視為選舉策略成功的典範。

中間選民厭倦口水戰

　　台灣問題的核心應在於，陳水扁在選舉中還是以國家認
同的老方法來面對已經對選舉感到厭倦的中間選民。現在台
灣的中間選民無論是支持泛藍還是泛綠，基本上都希望台灣
的選舉是建立在一種冷靜、平和的基礎之上，如果台灣政府
還堅持以激烈的選舉訴求來贏得或者分化選民的話，這將促
使台灣島內政局走向動盪的趨勢。而大陸官方曾經表過態，
一旦台灣出現動盪，將不排除親自以非和平手段來解決台灣
動盪。兩岸戰爭一觸即發的可能性對希望和平發展經濟的中
間選民而言，將是非常害怕出現的結局。在台灣的選民當
中，尤其是台中以北的選民，基本上認為台灣現在所堅持的
選舉，並沒有為台灣人民帶來任何的榮譽，反倒是陳水扁的
子彈事件已經成為部份人的笑談。

　　所謂中間選民的定義呈現幾種。不過，若是以泛綠和泛藍各自固定的三成死忠支持者作為基本票源來算的話，約有四成的民眾是游離在兩者之間的中間選民，他們多是以候選人的人格特質或是具體政見作為投票選擇的考量。而選舉過程中出現的特殊事件，都是影響中間選民最後投票走向的因素。例如二千年台灣「總統大選」時，宋楚瑜的興票案使得中間選民懷疑他的清廉形象，再加上民進黨主打國民黨黑金的腐敗形象策略奏效，導致一部分游離的中間選民導向陳水扁。2004 年「總統大選」投票日的前一天，發生了民進黨正副總統候選人陳水扁和呂秀蓮遭槍擊的意外事件，這不僅為陳水扁固定了死忠的票源，還增加了中間選民的同情票。

「一國兩制」須有台立委倡導

　　「一國兩制」這樣能夠平穩台海兩岸的政策，在台灣卻不能夠找出有代表性的人物來倡導。台灣新科立委、白話文學大師李敖，最近就曾在自己主持的節目中講過：我贊成「一國兩制」，「一國兩制」對於台灣是有利的。李敖認為自己是有良知的知識分子，所以才會在台灣大聲疾呼。此間，大陸即將出台《反分裂國家法》，這同樣是需要台灣有關各方的支持，特別是「立法院」，儘管這有相當的困難度。但是設想若沒有台灣立法委員參加的《反分裂國家法》，法源的資格性將會受到島內民眾的質疑。例如早在兩百多年前，當時美國發動獨立戰爭的理由之一，就是英國這個宗主國制定美國貨物徵稅法沒有讓美國的議員參加，獨立就成為美國人

號召擺脫經濟困境的唯一出路。

　　對於中美台關係而言，如果沒有台灣人民的支持，中國會因為美國戰略利益的轉移，而陷入某種情況的被動。台灣前立委、電視媒體人陳文茜，曾在香港電視訪談中說到，如果中國大陸方面對此沒有與美國事前進行良好的溝通，那麼中國將在執行法案的過程中陷入被動的窘境。

　　（本文於 2005 年 1 月 11 日刊登於《大公報》評論版）

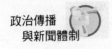

二十四 台灣成立 NCC 維護媒體利益

台灣要成立 NCC 了！NCC 的全稱為「國家通訊傳播委員會」。為此台灣立法院的藍綠立委們又再次上演全武行，問題爭論的焦點在於成立 NCC 後，藍綠政黨在 NCC 委員會中的委員按照什麼樣的比例進行分配。2005 年 10 月 25 日 NCC 通訊傳播委員會組織法在立法院三讀後通過。「行政院」新聞局長姚文智 26 日表示，這項法案不只違反黨政軍退出媒體的改革，簡直是中國國民黨黨產的「復辟」、「保值」條款。NCC 組織法通過後，國民黨產交易的價格，可能提高幾十億元。NCC 的通過，可說是國民黨準備出脫黨產時的「售後服務保證書」，國民黨運用掌握多數的 NCC 委員，使相關媒體交易得到保證。應該說姚文智所說的現象是存在的，但 NCC 草案提出的焦點就模糊了。因為很多的台灣媒體人認為新聞局的存在是台灣媒體自由發展最大的絆腳石，但如果 NCC 成立之後，媒體是否會進入正常發展的程序呢？

表決通過國親修正版本

按照國際慣例，美國管理電視媒體的單位是聯邦通訊委員會。英國是獨立電視委員會負責英國廣播電視公司以外的其他電視廣播機構發放營業執照，並進行監督。在法國則是由廣播電視局來控制法國廣播、電視媒體的發展，該機構屬

於法國新聞部領導，是國家公共機構和具有商業性質的國營企業，由國家預算提供資金。在俄羅斯則是國家總統直接管轄的全俄羅斯廣播電視公司負責國家廣播電台和電視台。應該說，在蘇聯解體之後，國際間的意識形態對立已基本解除，因而這些國家的廣電管理機構的基本職能基本上都是管理廣電的營業執照和信號的發射。

台灣立法院三度處理 NCC 組織法，尋求三讀表決。經過多次協商，藍綠各有退讓推出修正版本後，終表決通過國親修正 NCC 版本。表決通過的 NCC 法案主要內容包括：NCC 成立後，台灣通訊傳播相關法規都由原來掌管的政府部門如新聞局、電信局等，移交給 NCC 主管；NCC 委員會由中立的學者專家組成，共 13 人，各政黨將按國會所佔席次比例推薦 15 人，行政院再推薦 3 人，總共 18 個人選，再交由一支同樣按政黨比例由各政黨推薦學者專家組成的「審查委員會」審查資格，從中推選出 13 人；當選 NCC 委員任職期間不得參加政黨活動或擔任政府機關、公營事業的職務或顧問，也不得擔任通訊傳播事業或團體職務。

維護媒體利益成最大戰場

台灣現在才開始討論要成立 NCC，在時間上應該是晚了些。但在台灣總體以選舉為前提的政治環境下，NCC 的成立只能是媒體成為選舉中管理媒體的工具，而 NCC 的管理職能在未來的幾年時間內將不會起到任何作用。因為在兩個方面的職能上 NCC 將會直接讓位於三年後的大選，首先

是營業執照的發放上，以現在台灣政黨藍綠嚴重分化為前提。那麼，媒體中出現的是非問題並不會有確切的結果，媒體中是否出現違規的問題將會非常難以判斷。最後的結果將是在一片吵鬧聲中每一家都發放執照。另外，在電視台信號的發射上，NCC也將無從進行有效的管理，因為對於任何的電視台來講，信號的發射都是公司利潤的重要來源，而在台灣非常講究政商人脈關係的前提之下，這些信號的發射公司只要表態支持政府，那麼，對於通過發射信號的管理來治理媒體的理想就會難以實現。

　　媒體改造學社執委、台灣大學新聞研究所助理教授洪貞玲指出，NCC的設立原則，首先就是必須能夠有效避免政治和商業力量的干預，因此委員的組成方式尤其關鍵。她批評，朝、野版本的NCC委員組成，均有明顯的政治干預可能性，都有修正之必要。洪貞玲建議，NCC委員宜由「行政院」透過社會徵詢程序進行提名，立法院則以透過公開之聽證程序行使同意權。玄奘大學大傳系助理教授柯舜智以英國的獨立傳播管制機構Ofcom為例，認為NCC的委員組成和運作，最重要的就是信息和管制規則的詳盡、公開和透明，以避免各種可能的爭議，並接受社會監督。她提出「公民消費者」的概念，認為NCC只把一般民眾當成消費者，但是缺乏公民身份的考量，將無法真正照顧公民的傳播權益。　公民媒改聯盟代表、婦女新知秘書長曾昭媛指出，公民媒改聯盟的成立，就是要宣稱公民有權也有意願要參與傳播事務的管制以及傳播環境的改革，因此她贊成NCC委員當中應保留一席消費者代表。

　　現在看來 NCC 成立的前提條件是，台灣還陷入政黨對立當中。但 NCC 成員的比例是按照立法院政黨比例組成的，這樣只能導致原來由政府主導的媒體政策，現在變為所謂的專業人士主導。原來政府主導最大的弊病就在於新聞局始終擺脫不了政府的化妝師的角色，但是在台灣近十幾年的政治發展過程當中出現的政務官和事務官現象，就是說政黨輪替後，新聞局換的只有政務官，而大部分的事務官都留任。這樣新聞局在執行政府政策時並不一定完全維護政黨的利益，法制成為政府機關最大的約束力。在民進黨執政後的五年間，台灣新聞局的政策是部分維護了政府的利益，部分維護了政黨的利益。作為政府機關的一部分，新聞局就是沒有維護媒體的利益，這樣台灣在野黨在利益最大化的基礎之上，維護媒體的利益成為最大的戰場。

新聞資源少而頻道多

　　總體而言，台灣新聞發展最大的絆腳石是新聞資源過少，而且新聞頻道過多。NCC 的成立最多只是從專業的角度處理問題，來自政府的強制性命令將會變為隱性的壓力。現今全世界的廣電媒體改革的趨勢是在於要麼像歐洲部分國家一樣，廣電成為文化發展的一部分；要麼像美國一樣，廣電成為商業盈利、自負盈虧的獨立經濟個體。但這些國家的廣播電視發展中都把電視新聞視為特殊管理的對象，比如在美國的 CNN 和英國 BBC 新聞台。比如在鳳凰衛視最近一期縱橫中國介紹台灣的節目中，筆者發現來自台灣的貴賓已

經不太會介紹台灣了，反倒是來自大陸的王魯湘老師把台灣介紹得活靈活現，因為王魯湘是按照中國文化的角度加以介紹，而其他來賓則按照自己的認識介紹，結果顯示出嘉賓混亂的多元化，沒有集中點。

應當可以看出，NCC 成立之後，在近期之內，台灣電視還是政黨內鬥的工具。但就長期而言，台灣廣電必將會納入獨立自主的經濟體內，因為如果廣電要想成為文化載體的話，那麼台灣的政治必須建立在一個中國的基礎之上，因為只有中國大量的文化才能支持廣電多元的文化播出。

政治傳播
與新聞體制

國家圖書館出版品預行編目

政治傳播與新聞體制 / 胡逢瑛, 吳非合著.-一版.
臺北市：秀威資訊科技，2006 [民 95]
　面；　　公分. -- 參考書目：面
ISBN 978-986-7080-18-9（平裝）
1. 媒體政治學
2.新聞

541.83016　　　　　　　　　　　　　95001772

 社會科學類　AF0040

政治傳播與新聞體制

作　　者 / 胡逢瑛
發 行 人 / 宋政坤
執行編輯 / 李坤城
圖文排版 / 郭雅雯
封面設計 / 羅季芬
數位轉譯 / 徐真玉　沈裕閔
圖書銷售 / 林怡君
網路服務 / 徐國晉
出版印製 / 秀威資訊科技股份有限公司
　　　　　台北市內湖區瑞光路 583 巷 25 號 1 樓
　　　　　電話：02-2657-9211　　傳真：02-2657-9106
　　　　　E-mail：service@showwe.com.tw
經 銷 商 / 紅螞蟻圖書有限公司
　　　　　台北市內湖區舊宗路二段 121 巷 28、32 號 4 樓
　　　　　電話：02-2795-3656　　傳真：02-2795-4100
　　　　　http://www.e-redant.com

2006 年 7 月 BOD 再刷
定價：270 元

讀　者　回　函　卡

感謝您購買本書，為提升服務品質，煩請填寫以下問卷，收到您的寶貴意見後，我們會仔細收藏記錄並回贈紀念品，謝謝！

1. 您購買的書名：_____

2. 您從何得知本書的消息？

　　□網路書店　　□部落格　　□資料庫搜尋　　□書訊　　□電子報　　□書店

　　□平面媒體　　□　朋友推薦　　□網站推薦　□其他_____

3. 您對本書的評價：(請填代號　1.非常滿意 2.滿意 3.尚可 4.再改進)

　　封面設計____　　版面編排____　　內容____　　文/譯筆____　　價格____

4. 讀完書後您覺得：

　　□很有收獲　　□有收獲　　□收獲不多　　□沒收獲

5. 您會推薦本書給朋友嗎？

　　□會　　□不會，為什麼？_____

6. 其他寶貴的意見：_____

_____

_____

_____

讀者基本資料

姓名：_____　年齡：_____　性別：□女 □男

聯絡電話：_____　E-mail：_____

地址：_____

學歷：□高中(含)以下　　□高中　　□專科學校　　□大學

　　　□研究所(含)以上　□其他_____

職業：□製造業 □金融業 □資訊業 □軍警 □傳播業 □自由業

　　　□服務業 □公務員 □教職　　□學生 □其他_____

To：114

台北市內湖區瑞光路 583 巷 25 號 1 樓

秀威資訊科技股份有限公司　　　收

寄件人姓名：

寄件人地址：□□□

- -

(請沿線對摺寄回,謝謝!)

秀威與 BOD

BOD（Books On Demand）是數位出版的大趨勢，秀威資訊率先運用 POD 數位印刷設備來生產書籍，並提供作者全程數位出版服務，致使書籍產銷零庫存，知識傳承不絕版，目前已開闢以下書系：

一、BOD 學術著作—專業論述的閱讀延伸
二、BOD 個人著作—分享生命的心路歷程
三、BOD 旅遊著作—個人深度旅遊文學創作
四、BOD 大陸學者—大陸專業學者學術出版
五、POD 獨家經銷—數位產製的代發行書籍

BOD 秀威網路書店：www.showwe.com.tw
政府出版品網路書店：www.govbooks.com.tw

永不絕版的故事・自己寫・永不休止的音符・自己唱